초등 필수 개념어 참·뜻·말

어랏!
생각이 자라네

천천히읽는책_69

초등 필수 개념어 참·뜻·말 어랏! 생각이 자라네

글 기세라·김한민·전세란 | 그림 정은주

펴낸날 2024년 6월 5일 초판1쇄
펴낸이 김남호 | 펴낸곳 현북스
출판등록일 2010년 11월 11일 | 제313-2010-333호
주소 07207 서울시 영등포구 양평로 157 투웨니퍼스트밸리 801호
전화 02)3141-7277 | 팩스 02)3141-7278
홈페이지 http://www.hyunbooks.co.kr | 인스타그램 hyunbooks
ISBN 979-11-5741-405-5 73300

편집 전은남 | 책임편집 류성희 | 디자인 디.마인 | 마케팅 송유근 함지숙
ⓒ 기세라 김한민 전세란 정은주 2024

이 책은 저작권법에 의하여 보호를 받는 저작물이므로 무단 전재 및 복제를 금지하며,
이 책 내용의 전부 또는 일부를 이용하려면 반드시 저작권자와 현북스의 허락을 받아야 합니다.

⚠주의 종이에 베이거나 긁히지 않도록 조심하세요. 책 모서리가 날카로우니 던지거나 떨어뜨리지 마세요.

초등 필수 개념어 참·뜻·말

어랏!
생각이
자라네

기세라·김한민·전세란 글 | 정은주 그림

현북스

| 머리말 |

말이 우리 생각을 자라게 해 줘요!

매해 아이들과 글쓰기 주제로 나눌 거리를 고민합니다. 그런데 올해 초, 한 선생님이 한 달 동안 관찰일지를 매일 쓰면 좋다고 조언해 주셨습니다. 어떤 대상이든 상관없이 가만히 살펴어 자세히 들여다보고, 귀 기울여 들어 보며 관찰한 내용을 적는 것이지요.

"오늘부터 10분간 한 대상을 골라 가만히 관찰해 보세요. 관찰한 내용을 빠짐없이 매일 적어 봅니다."
"아~ 선생님! 너무 어려울 것 같아요~!"

그날 저녁부터 우리는 잠시 책과 휴대폰을 내려놓고 한 대상을 가만히 관찰했습니다. 집 짓는 까치를, 창밖 새를 구경하는 고양이를, 퇴근하고 돌아오자마자 밥을 준비하는 엄마를, 서서히 모양을 바꾸며 움직이는 구름을……. 그리고 그다음 날에는 함께 관찰한 내용을 나누었습니다.

우리는 점점 관찰하는 시간을 즐기기 시작했고, 어느새 그 대상의 마음과 내 마음까지 관찰하기 시작했습니다. 과학 시간에만 하는 줄 알았던 관찰을 생활에 진득하게 적용해 본 귀한 경험이었지요.

 이 귀한 경험이 이 책의 시작이었습니다. 우리 삶이 더 많은 말들로 풍요로웠으면 좋겠다고 생각했습니다.

 우리가 살아가면서 소중히 품고 실천하며 살아가면 좋겠다고 생각한 말들을 함께 골라 모았습니다. 먼저 그 말과 관련된 익숙한 경험들을 떠올렸습니다. 그리고 세상에서 그 말이 더 넓고 깊게 사용되는 경우도 함께 적었어요.

 1부에는 배움을 통해 우릴 튼튼하게 만드는 말들이, 2부에는 도전을 통해 우릴 멋지게 만드는 말들이, 3부에서는 어울림을 통해 우리를 아름답게 만드는 말들이 적혀 있어요.

 참, 이 책에는 작은 비밀이 숨겨 있습니다. 각 글의 끝에는 # 표시가 붙은 친구 낱말들이 숨겨져 있어요.

 이 책은 순서대로 읽지 않아도 괜찮습니다. 마음에 드는 친구 낱말들을 하나둘 쫓아 가며 읽다 보면 여러분은 그 낱말들을 하나둘 품게 되겠지요. 그렇게 우리는 더 튼튼하고, 멋지고, 아름다운 사람으로 성장해 있을 거예요!

| 차례 |

1부 배우고 가르쳐 줘요

- 가르치다 12
- 관찰하다 15
- 느끼다 19
- 돌아보다 22
- 듣다 25
- 멈추다 28
- 물어보다 32
- 배우다 36
- 상상하다 39
- 알다 43
- 정리하다 47
- 표현하다 50

2부 용기 내서 도전해요

- 가지다 56
- 같이하다 59
- 거절하다 62
- 도전하다 67
- 무시하다 71
- 믿다 74
- 선택하다 77
- 용기 내다 80
- 참다 83
- 참여하다 86
- 책임지다 90
- 홀로 서다 93

3부 나누고 어울려요

- 나누다 98
- 대화하다 101
- 돌보다 104
- 부탁하다 108
- 사과하다 111
- 사귀다 115
- 어울리다 118
- 용서하다 121
- 인사하다 125
- 존중하다 128
- 통하다 132
- 헤어지다 136

나만의 차례 만들기

이 책은 꼭 차례대로 읽지 않아도 됩니다. 그냥 여러분이 읽어 보고 싶은 낱말을 골라서 읽으면 됩니다. 아니면 한 이야기를 읽고 마지막 부분에 있는 파란색 친구 낱말 중에 하나를 이어서 읽어도 좋습니다. 자, 이제 여러분만의 차례를 만들어 볼까요?

※ 읽을 낱말을 미리 써 보아도 좋고, 읽은 낱말을 기록해 두어도 좋습니다. 아 참, 읽었던 것을 다시 읽고 두 번이고 세 번이고 기록해 두어도 좋습니다.

1.
2.
3.
4.
5.
6.
7.
8.
9.
10.
11.
12.
13.
14.
15.

16.
17.
18.
19.
20.
21.
22.
23.
24.
25.
26.
27.
28.
29.
30.
31.
32.
33.
34.
35.
36.

1부

배우고 가르쳐 줘요

가르치다

"솔이야, 어떻게 하는지 가르쳐 줄래?"

요즘 벼리와 친구들은 공기놀이를 참 많이 합니다. 하루는 같은 반 친구 솔이가 가족에게 배웠다면서 새로운 공기놀이 기술을 보여 주었습니다. 공깃돌 두 개를 높이 올렸다가 하나는 위에서 잡은 다음, 손을 뒤집어 나머지 하나를 아래로 잡는데 너무나 멋있어 보였습니다. 벼리를 비롯해 많은 친구들이 솔이 옆으로 모였습니다. 친구들은 솔이에게 어떻게 하는지 방법을 가르쳐 달라고 졸랐습니다.

공기놀이하는 방법처럼 자전거 타는 법, 줄넘기하는 방법, 나눗

셈하는 방법 등을 알려주고 방법을 익히게 할 때 가르친다는 말을 씁니다. 또 학교에서 선생님이 예전에 몰랐던 것을 새롭게 소개해 주거나 국어 시간에 어려운 낱말을 쉽게 설명해 줄 때도 가르친다고 합니다. 혹시 잘못을 저질러서 어른들에게 혼난 적이 있나요? 나쁜 버릇 따위를 고쳐서 바로잡을 때도 가르친다고 합니다.

집에 돌아온 벼리는 혼자서 공깃돌을 꺼내서 연습하고 있었습니다. 그 모습을 본 할머니는 벼리의 손을 잡더니 살짝살짝 올렸다 내렸다를 반복했습니다. "이 정도 세기로 올려 보렴. 그럼 좀 잡기가 쉬울 거야"라고 말씀하셨습니다. 그러고 나서 몇 번 연습했더니 그렇게 안 되던 게 잘 되는 게 아니겠어요? 벼리는 깜짝 놀라 할머니에게 "어떻게 한 거예요? 할머니는 마법사"라고 외치며 좋아했습니다. 할머니는 "벼리가 손을 너무 빨리, 높이 들어서 공깃돌을 잡기가 힘들었던 거야"라며 친절히 알려 주셨습니다. 벼리가 잘 안되었던 점을 찾아 잘 될 수 있게 가르쳐 주신 겁니다.

벼리는 다음 날 학교에서 친구들에게 할머니의 마법을 가르쳐 주었습니다. 친구들에게 가르쳐 주면 줄수록 벼리의 실력도 늘어났습니다. 벼리는 속으로 참 마법 같은 일이라고 생각했습니다.

누군가에게 무엇인가를 가르쳐 준 적이 있나요? 어떤 것을 가르쳐 주었나요? 가르쳐 주는 게 즐거웠나요? 아니면 조금 어렵거나 속상했나요? 혹시 수학 문제를 친구에게 가르쳐 주었더니 내 수학 실력이 더 좋아졌던 적은 없나요?

\# 배우다, 대화하다, 알다, 나누다

관찰하다

"시험관 속에서 무엇을 관찰했나요?"

과학 시간입니다. 선생님께서 시험관 속을 관찰하라고 하신 뒤, 무엇을 관찰했는지 질문하셨어요. 벼리의 머릿속에서는 식초의 노란색과 '보글보글' 하는 공기 방울 소리, 시큼한 냄새와 점점 따뜻해지는 온도까지 다양한 생각이 둥둥 떠다닙니다. 그런데 무엇이 관찰한 것인지 헷갈려서 발표를 못 하고 머뭇거렸어요. 선생님께서는 눈으로 본 것과 귀로 들은 것, 코로 냄새를 맡은 것과 혀로 맛을 본 것, 만져 본 촉감을 살펴보는 것 모두 관찰한 것이라 하셨습니다.

벼리는 이제 이것저것을 세심하게 관찰하며 다녀요. 친구와 놀기 위해 약속 장소로 걸어가는 지금도 '깍깍'거리는 소리가 나는 하늘을 관찰하고 있답니다.

하늘에는 다섯 마리의 새가 요리조리 방향을 급하게 바꾸며 날고 있습니다. 그런데 자세히 보니 까만 새 한 마리와 흰 새 한 마리가 여러 번 몸을 부딪치며 날고 있네요. 열 번도 넘게 그러다 까만 새들은 산 쪽으로 날아가고, 흰 새 한 마리는 낮게 날던 다른 새들과 어울려 날기 시작했습니다. 이번에는 서로 부딪치는 일이 없어 신기합니다.

 관찰에 푹 빠진 벼리가 서형이와의 약속 시간에 20분이나 늦었어요. 허겁지겁 달리다 보니 저쪽 길 건너편에 서형이의 얼굴이 보입니다. 그런데 서형이의 얼굴은 잔뜩 찌푸려져 있습니다.
 "20분도 넘게 늦었잖아! 너 너무 게으른 거 아니야?"
 '난 게으르진 않은데……, 좀 속상하네. 그런데 기다린 서형이도 짜증스러웠겠다.'
 우와! 벼리가 이번엔 자기의 마음도 관찰했네요. 갑자기 한숨이 나오고, 마음에는 약간의 여유가 생겼습니다. 그래서 벼리는 서형이에게 자신의 상황을 잘 설명해 봐야겠다고 생각했어요.
 우리는 다섯 가지 감각에서 얻은 정보 말고도 '마음'이나 '생각'을 살펴볼 수 있습니다. 그런데 그러고 나면 신기하게도 마음에 여유가 생긴답니다.

요즈음 하루 동안 무엇을 가장 많이 관찰하나요? 그리고 나 자신의 마음이나 생각을 관찰해 본 경험이 있나요? 휴대전화나 컴퓨터 화면 대신 세상을 깊게 관찰해 보면 어떨까요? 혹시 여러분에게 소중한 사람을 관찰한다면 어떤 부분을 섬세하게 관찰해 보고 싶나요?

느끼다, 돌아보다, 멈추다

느끼다

"눈, 코, 귀, 입, 손가락을 이용해 자세히 느껴 보세요."

오늘은 학교에서 공개수업을 하는 날입니다. 일 년에 한 번 가족들이 수업을 보러 오는 날인데, 벼리가 가장 좋아하는 이모가 오기로 했습니다. 아침부터 마음이 콩닥거렸어요. 벼리는 뒷문이 열릴 때마다 뒤돌아봅니다. 수업 종이 치자마자 교실에 들어오는 이모를 보았습니다. 그제야 마음이 놓입니다.

수업이 시작되었습니다. 선생님은 작은 통을 꺼내셨습니다. 고향에 계신 선생님의 어머니가 직접 길러서 보내 주신 것이라고 하시면서 산딸기를 몇 개씩 나누어 주셨습니다. 공개수업에 온 가족들도 받았습니다.

"산딸기를 눈, 코, 귀, 손가락 끝을 이용해서 최대한 자세히 느껴 보세요. 그러고 나서 입으로도 느껴 보세요. 충분히 느꼈으면 어땠는지 발표해 볼까요?"

선생님이 가족들도 발표해도 된다고 말씀하시는 순간 벼리 이모가 손을 번쩍 드는 게 아니겠어요? 벼리는 자기가 발표하는 것처럼 부끄러워 얼굴이 빨개졌습니다.

사람에겐 다섯 가지 감각이 있어요. '오감'이라고 하는데 보는 감각(시각), 냄새를 맡는 감각(후각), 맛을 보는 감각(미각), 소리를 듣는 감각(청각), 손이나 피부로 느끼는 감각(촉각)을 말해요. 우리는 오감을 통해 세상을 느끼고 이해하며 살아갈 수 있습니다. 만약 앞을 볼 수 없고, 맛과 냄새를 알 수 없고, 소리를 들을 수 없다면, 차갑고 뜨거운 것을 구별할 수 없다면 어떻게 될까요?

저녁에 벼리네 가족이 다 모였습니다. 이모는 벼리네 반 공개수업에 대해 참 별난 수업이었다며 이야기꽃을 피웠습니다. 그리고 이모가 느낀 것 중에 미처 발표하지 못한 게 있다며 이렇게 말하였습니다.

"산딸기에서 자식을 사랑하는 벼리 선생님 어머니의 따뜻한 마음이 많이 느껴졌어."

여러분은 어떤 느낌을 좋아하나요? 좋아하는 냄새, 소리, 맛, 촉감이 있나요? 왜 그런 느낌을 좋아하게 되었나요? 오감을 통하지 않고도 느낄 수 있는 것에는 어떤 것들이 있을까요?

표현하다, 상상하다, 듣다

돌아보다

"'무궁화꽃이 피었습니~다' 하고 **돌아볼게!**"

주윤이의 목소리가 오늘따라 유난히 크게 들립니다.

친구들은 주윤이가 **돌아보기** 전에 얼른 멈춥니다.

"벼리, 너. 움직였어!"

벼리는 조금 더 가려다가 그만 주윤이에게 들키고 말았습니다.

쉬는 시간이나 점심시간에 친구들이 제일 많이 하는 '무궁화꽃이 피었습니다' 놀이입니다.

잡힌 친구들은 술래 옆에 모여 있는데 술래에게 잡히지 않고 잡힌 친구들을 손으로 치면 다시 모두 살아나는 겁니다. 술래는 더 잘 돌아보지 않으면 계속 술래가 되는 걸 피하기 어렵습니다.

    국어 시간이 되었습니다. 선생님이 친구들이 빠져 있는 '무궁화 꽃이 피었습니다' 놀이에 대해 말씀하시더니, 모두 일어나 교실 앞으로 나오라고 하십니다. 그러고는 뒤를 돌아보라고 하셨습니다. 매일 교실 뒤에서 앞을 보다가 반대로 교실 앞에서 우리가 앉아 있는 자리를 보니 신기하게도 같은 교실이지만 다르게 보였습니다. 선생

님은 느낀 점을 공책에 써 보라고 하셨습니다.

학교를 마치고 집으로 오는 동안 벼리는 왔던 길을 몇 번이고 돌아보았습니다. 예전에는 무심코 지나쳤던 것들이 새롭게 눈에 띄었습니다. 그리고 선생님이 국어 수업을 마치며 하셨던 말도 떠올려 보았습니다.

"친구들, 교실을 돌아본 것처럼 여러분들이 보낸 하루를 돌아보는 일도 해 보고, 예전에 했던 일들도 돌아보세요. 그러면 생각하지 못했던 새로운 것을 찾을 수 있을지도 몰라요."

여러분들도 벼리처럼 길을 가다가 잠시 멈추어서 뒤를 돌아보았던 적이 있나요? 앞을 보고 가면서 보았던 풍경과 돌아서서 보았을 때 풍경이 어떻게 달랐나요? 만약 그런 경험이 없다면 오늘 길을 갈 때 한번 해 보면 어떨까 추천해 봅니다. 그리고 예전에 했던 일 중에 돌아보고 싶은 일이 있다면 지금 한번 떠올려 보세요.

\# 멈추다, 관찰하다, 사과하다

듣다

"벼리야, 이 소라 껍데기를 귀에 대고 소리를 잘 들어 봐."

벼리는 엄마가 건네준 소라 껍데기를 귀에 대 보았어요. '쏴아~' 하는 소리가 마치 파도 소리처럼 들렸어요. 벼리는 신기해서 다른 소라 껍데기들도 주워서 귀에 가져다 대었더니, 모두 바다를 품고 있는 것 같이 '쏴~' 소리가 들렸어요.

벼리는 바다를 참 좋아해요. 도시에서 시끄러운 차 소리만 듣다가 바다에 오니 귀도 편안해요. '끼룩끼룩' 갈매기 소리, 철썩이는 파도 소리를 들으며 바다를 한참이나 구경했어요.

우리는 살아가면서 매일, 매시간마다 많은 소리를 들으며 지내요. 등굣길의 차 소리, 가게에서 들리는 음악 소리, 수업 시간 선생님 말씀, 쉬는 시간에 친구들이 뛰노는 소리……. 가만히 귀를 열면 새소리와 곤충 소리, 바람 소리마저도 들을 수 있어요.

또 사람들과 대화하면서 상대의 이야기를 듣기도 해요. 그런데 누군가의 말을 귀 기울여 듣는다는 것은 단순히 '소리'를 듣는 것만을 뜻하진 않아요. 여러분도 주변에 유독 '잘 들어 준다'라고 느껴지는 사람이 있을 거예요. 나와 눈을 마주치고 적절히 고개를 끄덕이며 반응하고, 중간에 말을 끊거나 함부로 조언하지 않고 끝까지 가만히 잘 들어 주는 친구요. 그저 이야기를 듣는 걸 넘어서서 '내 마음을 듣고 이해하고 있구나'라는 느낌이 들지요.

"학교의 주인은 학생이다"라는 말을 들어 본 적이 있나요? 학교에서는 학생의 의견을 듣기 위해서 학급 대표를 뽑고 학생들이 모여 진행하는 회의를 열기도 해요. 학교에서 직접 생활하는 학생들의 생각을 들으며 어른들이 생각하지 못한 학교의 문제점을 발견할 수도 있어요. 이렇게 함께하는 사람들의 이야기를 귀 기울여 들을 때 모두가 주인이 되는 학교와 사회를 만들 수 있어요.

혼자 경험하고, 혼자 생각하고, 혼자 말한다면 내가 살아가는 세상은 그만큼 좁지 않을까요? 다른 사람을 만나 경험해 보지 못했고, 생각해 보지 못했던 것을 들으면서 우리는 더 커나갈 수 있어요. 여러분 주변에는 여러분의 말과 마음을 잘 들어 주는 사람이 있나요? 그 사람은 어떤 특징을 가지고 있나요?

\# 대화하다, 느끼다, 관찰하다

멈추다

"벼리야, 그림 그리기 멈추고 아빠 소금 좀 꺼내 줄래?"

아빠는 부엌에서 한창 저녁 식사를 준비하다가 방에 있는 벼리를 불렀어요. 벼리는 서형이에게 주기로 한 엽서 그림을 마무리하려던 참이었지요.

'아, 이제 리본만 색칠하면 되는데…….'

벼리는 잠시 망설였어요. 그러다 색연필을 탁 내려놓고는 부엌으로 가서 아빠에게 소금을 꺼내다 주었어요. 가스레인지 불 앞에서 땀을 뻘뻘 흘리며 애쓰는 아빠를 보니 그림 그리는 걸 멈추고 아빠를 돕기를 잘했다는 생각이 들었어요.

멈춘다는 것은 무언가 하고 있던 것을 순간 그만둔다는 것이에요. 우리는 늘 일상 속에서 끊임없이 무언가를 '하고' 있어요. 밥을 먹고, 걸음을 걷고, 책을 읽고, 글자를 적고, 이야기를 나누고, 생각도 하지요.

나도 모르게 습관처럼 하는 것들도 있어요. 누군가는 골똘히 생각할 때 머리카락을 만지거나 손가락으로 책상을 두드리기도 해요. 또 휴대전화 게임이나 TV 보기, 만화책 보기처럼 푹 빠지게 되는 것들도 있지요. 내가 무엇을 하는지 알고 스스로 멈출 수 있다면, 자신을 조절하는 힘을 기를 수 있어요.

멈추면 생각하고 느낄 수 있는 빈틈이 생기기도 해요. 바쁘게 걷던 발걸음을 멈추고 가만히 둘러보면 초록의 나무도 보이고, 재잘거리는 새소리가 들리기도 하는 것처럼요. 불만에 가득 차 화를 내다가도 잠시 내 말과 생각을 멈추고 상대의 표정을 보거나, 가만히 이야기를 들어 보면 상대의 입장이 느껴지기도 하지요.

왁자지껄했던 교실이 갑자기 조용해진 걸 경험해 본 적 있지요? 떠들다가 일순간 조용히 멈출 때 오히려 그 떠들썩했던 시간이 새삼스럽게 느껴져요. 또 코로나19로 일상이 멈추었을 때, 친구를 만나고 학교에 가고 함께 밥을 먹던 평범한 시간들이 소중하다는 걸 깨닫게 되었지요.

여러분은 지금 무엇을 '하고' 있나요? 손은 책을 넘기고 있고, 눈은 글을 따라가고 있고, 머리는 생각을 하고 있고, 혹시 여러분의 발이나 입도 무언가를 하고 있나요?

잠시 눈을 감고, 지금 내가 무엇을 하고 있는지 살펴보세요. 그리고 하나씩 멈춰 보세요. 나는 무엇을 멈췄나요? 무엇을 멈추고 싶은가요?

돌아보다, 무시하다, 관찰하다

물어보다

"선생님, 까치에 대해 **물어보고** 싶은 것이 있어요."

오늘따라 벼리는 학교 가는 길에 까치를 참 많이 만났습니다. 할머니께서 까치가 하늘을 돌며 '까~악, 깍' 하면 반가운 손님이 찾아올 징조라고 말씀하신 적이 있는데 '정말 반가운 손님이 올까?' 하는 기대에 입꼬리가 살짝 올라갔습니다. 학교에 다다랐을 때, 작년에 같이 그림을 그리며 단짝 친구가 되었던 현이가 손을 크게 흔들며 "벼리야!" 하고 달려왔습니다. 벼리는 속으로 '참, 신기해. 정말 까치가 울어서 현이를 만났나?' 했습니다.

현이는 요즘 삼촌을 따라서 둘레길 걷다가 새를 발견하면 휴대전화로 사진을 찍고, 도감 찾아서 새 그림을 그리고 있는데 지금까지 동고비, 물까치, 오목눈이, 박새를 그렸다고 합니다. 현이는 주말에 같이 둘레길을 갈 수 있냐며 벼리 생각을 물어보았습니다.

물어보는 것은 무엇을 알고 싶거나 밝히고 싶을 때 누군가에게 생각과 의견, 설명 등을 해 주길 바랄 때 쓰는 말입니다. 현이는 벼리가 주말에 둘레길을 같이 갈 수 있는지 생각과 의견을 밝혀 주길 바란 것입니다.

현이가 새를 그린다는 말을 들으니 어찌 된 일인지 까치에 대해 더 궁금해지는 게 아니겠어요? 그래서 교실에 가자마자 선생님에게 까치에 대해 잘 아시는지 물어보았습니다. 선생님께서는 궁금하고 알고 싶은 것들을 먼저 자기 자신에게 물어보고 공책에 적어서 가져와 보라고 하셨습니다. 벼리는 자리에 들어가 공책을 폈습니다. 까치는 어디에 사는지, 집은 어떻게 생겼는지, 먹이는 무엇인지, 얼마나 오래 사는지, 새끼는 몇 마리나 낳는지, 까치가 울면 왜 반가운 손님이 온다고 하는지 꼬리에 꼬리를 물고 물어볼 것들이 떠올

랐습니다. 벼리는 궁금한 것들이 사라지지 않게 바로 공책에 적기 시작했습니다.

　벼리의 공책을 보신 선생님은 점심시간에 도서관에 가서 까치에 대한 궁금증을 같이 풀어 보자고 하셨습니다. 벼리는 선생님에게 물어보길 잘했다고 생각했습니다. 물어보지 않았다면 까치에 대해 새로운 것을 알 수 없었을 테니까요.

　여러분들도 요즘 궁금한 것들이 있나요? 그렇다면 무엇이 궁금

한지 스스로에게 다시 물어보고 공책에 적어 보세요. 그리고 가장 잘 대답해 줄 것 같은 사람에게 물어보세요. 조금은 용기가 필요할지도 몰라요.

배우다, 부탁하다, 용기 내다

배우다

"학교 잘 다녀왔니? 오늘 학교에서 뭐 배웠어?"

벼리가 학교에서 돌아오면 식구들은 늘 이렇게 물어봅니다. 평소에는 귀찮아서 "국어, 수학" 하고 퉁명스럽게 말했는데, 오늘은 과학 시간에 있었던 일이 번뜩 떠올랐습니다.

"배추흰나비가 배추에 알을 낳아서 이름이 배추흰나비가 된 거래, 선생님이 알려 주셨어. 교실에서 키울 애벌레가 나중에 배추흰나비가 된대. 나비가 어떻게 나올까, 진짜 궁금해."

이렇게 말하고 나니 진짜 더 궁금해졌습니다. 벼리는 당장 할머니에게 가서 물어보기로 했습니다.

할머니는 벼리가 초등학생이 될 때부터 마을 텃밭에서 채소를 길렀습니다. 지난가을에는 텃밭에서 기른 배추로 벼리랑 함께 김장을 담그기도 했으니 누구보다 배추흰나비를 많이 보았을 겁니다.

할머니는 벼리에게 이렇게 말씀해 주셨습니다.

"배추흰나비가 '나풀나풀'거리며 앉았다 날아가면 그 자리에는 노란 알이 몇 개씩 꼭 붙어 있단다. 김장할 때 벌레가 갉아먹어서 구멍이 뻥 뚫려 있던 배춧잎 기억나니? 그 알을 깨고 나온 배추벌레가 배춧잎을 열심히 갉아먹고 통통해져서 꼬치를 틀고 번데기로 있다가 나비가 되는 거지. 배추는 나비에게 배춧잎을 먹이로 나누어 주고, 나비는 배추꽃을 옮겨 다니며 씨앗이 생기게 해 준단다. 서로서로 돕는 거지. 할머니도 배추와 나비에게 배운단다. 사람도 배추와 나비처럼 서로 돕고 살면 좋겠지?"

모르던 것을 새로 알게 되는 것도 배우는 것이고, 좋은 마음씨나 행동을 보고 닮고 싶어 노력하는 것도 배우는 것입니다. 벼리는 오늘 할머니에게서 배운 게 참 많은 날입니다.

좋은 배움은 우리가 건강하게 성장하도록 도와줍니다. 선생님, 가족, 친구들처럼 주변 사람들에게서도 좋은 배움을 얻지만, 벼리 할머니처럼 배추흰나비에게도 좋은 배움을 얻습니다. 책도 많은 것을 배울 수 있게 도와주지요. 여러분이 최근에 얻은 좋은 배움이 있다면 소개해 줄래요?

관찰하다, 물어보다, 가르치다

상상하다

"오늘은 어른이 된 내 모습을 상상해서 글쓰기를 해 봅시다."

평소에도 상상하는 걸 좋아하는 벼리는 오늘의 글쓰기 주제가 마음에 쏙 들었어요.

'나는 어떤 일을 하면서, 누구와 함께 살고 있을까?'

동물을 좋아하니 사육사가 되어 판다를 돌보고 있을지도 몰라요. 아니면 아파트에 사는 이웃들의 이야기를 그리는 웹툰 작가? 상상 속 어른이 된 벼리는 무엇이든 할 수 있을 것 같았어요.

여러분도 상상하는 것을 좋아하나요? 상상한다는 것은 경험하지 않은 것을 마음속으로 그려내는 것을 말해요. 상상 속에서는 시간 여행을 할 수도 있고, 사람들을 돕는 영웅이 될 수도 있어요. 우주로 가서 외계 생명체를 만나 볼 수도 있지요. 상상은 인간의 오래된 즐거움이자, 다른 동물들과 달리 유일하게 인간만이 할 수 있는 것이기도 하지요.

우리는 상상 속에서 많은 것들을 꿈꾸어요. 특히 현실이 힘들고 어려울 때 상상은 희망을 만들어 내지요. 마음이 답답한 현실이 눈앞에 있을 때, 내가 어떤 상황에서 더 자유롭고 행복할 것 같은지 떠올려 보면 그 상상 속에서 답을 찾을 수도 있어요. 내가 상상하는 이미지가 나의 말이나 행동을 이끄는 지도가 되어 작은 변화들을 만들어 내는 것이지요.

무엇보다 상상의 강력한 힘은 내가 아닌 다른 존재의 삶을 생각해 볼 수 있다는 것이에요. 학교의 보건 선생님을 예로 들어 봅시다. 보건 선생님은 선생님 일을 하기 전에 어떤 일을 하셨을까 상상해 볼까요? 또 보건 선생님이 학교 업무를 마치고 옷을 편하게 갈아입고 퇴근한 저녁 시간의 모습을 상상할 수도 있어요. 누구와 함께 저녁을 먹고, 주말엔 무얼 하며 지내실까요?

우리는 이렇게 다른 존재들의 삶을 상상하면서 상대를 더 이해할 수 있어요. 학교에서 일하는 많은 사람들은 어떤 가족들과 살고 있을지, 한여름에 택배를 나르는 배달원은 어떤 하루를 보낼지, 동물원의 동물들은 어떻게 우리나라까지 오게 되었을지 잠깐 생각해 보세요. 내가 알고 있는 모습 뒤에 숨겨진 이야기를 상상해 보면 누구든 함부로 대할 수 없게 되지요.

내 눈앞에 있는 한 사람의 숨겨진 이야기를 함께 상상해 봐요. 이 사람은 어떤 시간을 지나 나와 만나게 되었을까요? 그리고 앞으로 이 사람은 어떤 시간을 보내게 될까요?

존중하다, 통하다, 물어보다

알다

"이번 시간에 공부한 내용, 잘 알겠나요?"

"(다 같이) 네~!"

"누가 배워서 알게 된 것을 설명해 볼까요?"

"……"

잘 알겠다고 대답하는 친구들은 많은데, 아는 내용을 설명해 보라는 선생님의 말씀에는 아무도 손을 들지 않습니다. 여러분도 비슷한 경험을 한 적이 있나요? 선생님이 설명해 주실 땐 잘 알았다고 생각했는데, 스스로 설명하기는 어려웠던 경험이요.

안다는 것은 무엇일까요? 알기 위해서 우리는 배웁니다. 한자로는 '학습(學習)'이라고 하지요. 배웠으면(學), 그 뒤엔 익혀야(習) 알게 돼요. 그런데 스스로 익히는 기회가 없으면 배운 것도 잘 알지 못하게 됩니다. 그리고 내가 아는 것인지, 알고 있다고 착각하는 것인지 구분하지 못하게 되기도 합니다. 배우고 난 뒤에는 스스로 익혀서 자기 자신의 말로 설명해 낼 수 있어야 진짜 안다고 이야기할 수 있는 거예요.

그런데 잘 알기 위한 비법은 따로 있는 걸까요? 그냥 내가 나의 선생님이 된다고 생각해 보세요. 선생님들은 학생들이 잘 알고 있는지 물어보고, 학생들이 설명하지 못하는 부분이 있다면 어떻게 하면 보충할 수 있는지 알려 주곤 합니다. 내가 나의 선생님이 된다는 건, 어떤 것에 대해 내 생각과 느낌이 무엇인지 스스로 물어보는 것입니다. 또 그 질문에 대답해 보며, 잘 알지 못하는 부분이 있으면 어떻게 보완할지 계획도 세우고 실천해 보면 됩니다.

내가 나의 좋은 선생님이 되려면 적당한 운동을 하며 몸을 활발하게 움직이거나, 자신의 생각과 행동을 되돌아보는 명상을 해 보

세요. 퍼즐이나 기억력 게임, 일기 쓰기 따위의 활동도 도움이 될 거예요. 내가 나의 좋은 선생님이 된다면, 힘들다고만 느껴지는 학원은 이제 "안녕~" 할 수 있지 않을까요? 그리고 어쩌면 내 안에 숨어 있던 보석을 내가 직접 발견하여 아름답게 갈고 닦을 수 있게 될지도 몰라요.

최근에 내가 학교에서 배운 내용 중 내가 안다고 생각하지만 실제로는 잘 모르는 것, 설명하기 어려운 것에는 무엇이 있나요? 어떻게 하면 잘 알게 될까요?

가르치다, 배우다, 물어보다

정리하다

"나리야, 레고 좀 정리해 주면 안 될까?"

벼리는 동생 나리와 방을 함께 씁니다. 나리는 요즘 레고 놀이에 푹 빠져 있습니다. 얼마 전까지만 해도 온갖 종류의 자동차를 만들더니 요즘엔 '마인크래프트'에 나오는 장면을 만든다며 갈색과 초록색 레고를 얼마나 많이 모아 놓았는지 모릅니다.

그런데 동생이 레고를 한참 가지고 놀고는 바닥에 그대로 두고 어디론가 사라져 버리는 일이 자주 일어납니다. 벼리는 방이 너무 흐트러져 있어서 치우고 싶지만 함부로 만졌다가 잘못되기라도 하면 나리의 투정을 혼자서 다 받아내야 합니다. 언젠가 동생을 위해 좋은 마음으로 치워 주었는데, 물어보지도 않고 치웠다며 얼마나 울고불고했는지 모릅니다. 머릿속이 복잡하고 답답했던 벼리는 가족회의를 열어서 이 문제를 정리하고 싶었습니다.

"방에 들어가서 숙제나 책을 하려고 해도 바닥이 너무 어지러워요. 저도 바닥에서 뭔가 만들고 싶은데 나리가 만들다가 만 레고 때문에 뭘 할 수가 없어요."

가족회의는 먼저 자신이 가지고 논 장난감은 자기가 치우기, 만약 놀고 난 다음 1시간 안에 정리하지 않으면 다른 가족이 치워도 불평하지 않기로 정리되었습니다.

벼리와 나리가 앞으로 자신들의 방을 잘 정리할 수 있는 규칙이 만들어졌네요. '정리하다'는 흐트러지거나 어질러져 있는 것을 모으거나 치워서 말끔하게 만드는 것을 말해요. 그런데 이 말은 물건들을 정리할 때도 쓰지만, 일이나 생각에도 사용할 수 있어요. 할 일은 많은데 무엇부터 해야 할지 모를 때 중요한 일과 그렇지 않은 일. 빨리 해야 할 일과 천천히 해야 할 일들로 순서를 정하는 것도 '해야 할 일을 정리한다'고 말할 수 있어요. 복잡한 생각을 정리할 때도 쓸 수 있지요.

지금 어디에서 이 책을 읽고 있나요? 책읽기를 잠시 멈추고 여러분들이 있는 자리를 둘러보세요. 주변이 잘 정리되어 있나요? 잘 정리되어 있다고요? 아 참. 여러분의 생각이나 일 중에서 말끔하게 정리해 보고 싶은 건 혹시 없나요?

사과하다, 헤어지다, 멈추다

표현하다

"이 그림을 잘 살펴보세요. 무엇을 표현한 것 같나요?"

오늘 미술 시간에 담임선생님은 장욱진이라는 화가의 작품을 보여 주셨어요. 채울이는 그림을 보니 시골 할머니네 집이 떠올랐고 정겨운 느낌이 들었어요. 화려하거나 실제처럼 자세히 그린 그림은 아니었지만, 계속 보고 싶고 마음이 따뜻해지는 걸 느꼈어요. 선생님은 장욱진 화가가 평화롭고 서정적인 세상에 대한 꿈을 표현한 것이라고 설명해 주었어요. 시골 가는 걸 좋아하는 채울이는 자기보다 100년도 더 전에 태어난 화가가 친근하게 느껴졌어요.

사람은 누구나 자신의 감정이나 생각을 표현하고 싶어 하는 욕구가 있어요. 아주 오래전 구석기시대의 인간들도 큰 동물을 사냥하고 싶은 소망을 담아 동굴 벽에 벽화를 그렸대요. 고대 그리스인들은 야외의 동그란 원형 극장에 모여 신과 인간의 삶에 대한 연극을 즐기기도 했지요.

아주 어린 아이들도 표정이나 울음, 웃음, 몸짓으로 자신의 감정을 표현해요. 그리고 말을 할 수 있게 되면서는 주로 말로 자기를 표현하지요. 우리는 다양한 방법으로 자신을 표현할 수 있어요. 글을 적을 수도 있고, 춤으로 표현하기도 하고, 노래를 부르거나 악기 연주를 하기도 하고, 심지어는 옷차림이나 머리 모양으로도 자신을 드러낼 수 있지요.

어떤 식으로든 자기 자신을 표현하는 것은 중요하고도 멋진 일이에요. 자기 자신의 마음이나 생각을 표현하지 않으면 누군가와 깊은 관계를 만들기 어려워요. 도움을 받았을 때에는 고마운 마음을, 또 불편한 상황에서는 그 마음을 정확하게 표현할 때 우리는 서로 더 잘 이해할 수 있어요.

솔직하고 진심 어린 표현은 사람들의 마음을 움직여요. 침몰한 배에서 목숨을 잃은 아들에게 쓴 아버지의 편지를 읽고 많은 사람이 눈물을 흘리며 노란 리본을 함께 달기도 하고, 플라스틱을 먹고 아파하는 알바트로스 새의 이야기를 담은 영화를 보고 환경 운동에 힘을 싣기도 해요. 마음이 담긴 적절한 표현은 그 마음에 동의하고 함께하는 사람들을 서로 연결하지요.

채울이는 그날 미술 시간에 '내가 꿈꾸는 세상'을 그림으로 표현해 보았어요. 파란 하늘 아래 초록 나무가 가득하고, 아이들이 놀이터에서 함께 모여 웃는 모습을 표현했고, 그림을 그리면서 행복한 마음을 느꼈어요. 여러분은 어떤 표현 방법을 좋아하나요? 그 방법으로 여러분은 무엇을 표현하고 싶은가요?

부탁하다, 대화하다, 느끼다

2부
용기 내서 도전해요

가지다

"내가 가지고 있는 것 가운데 벼룩시장에 팔 만한 게 뭐가 있을까?"

가지게 된 지 일주일이 지나고부터는 손도 대지 않는 장난감, 친구들에게 자랑한 뒤 시들해진 스티커, 예뻐서 샀는데 막상 집에 와서 입어 보니 어색해 보이는 옷과 불편한 신발……. 6개월 전에 했던 벼룩시장에서도 생각보다 많은 물건을 팔았던 것 같은데, 팔 물건을 챙기다 보니 오늘도 또 한 상자가 가득 찼네요.

살 때만 해도 가지게 되기만 하면 엄청 만족스러울 것 같았는데, 얼마 지나지 않아 가치를 잃는 물건이 참 많습니다. 게다가 요즘에는 모든 화면이란 화면에는 다 광고가 있고, 내가 무엇을 검색하는지에 따라 맞춤형 광고도 줄줄이 나를 따라다닙니다. 그래서 물건을 가지고 싶어 하는 우리 마음을 더 자극하지요.

물건을 가지고 싶다는 마음 자체가 나쁜 것은 아니에요. 그토록 기다리다가 그 물건을 갖게 되는 것도 잘못은 아닙니다. 하지만 좋은 물건을 가지고 싶은 이유가 가지지 못한 사람들을 보며 우쭐해하고 싶은 것이라면 그것은 좋지 않아요. 새롭고 멋진 물건을 가져야만 행복감과 자신감을 얻게 된다고 생각하는 경우도 참 안타까운 일입니다.

물건을 가지게 되고 아무리 내게 가까이 두어도 물건이 나 자신은 될 수 없어요. 더 가진다고 해서 내 마음이 계속 만족스럽거나 꾸준히 행복하기도 어렵죠. 그런데 '가질 수 있는 것'들 중에는 나 자체를 달라지게 하고, 충분히 행복하게 만드는 것도 있습니다.

좋은 마음이나 습관, 새로운 생각이나 꿈을 가질 수도 있고, 꾸준히 노력해서 어떤 기술이나 자격을 가질 수도 있어요. 또 가족이나 내가 좋아하는 사람들과 좋은 시간을 가질 수도 있을 겁니다. 이렇게 내 몸을 직접 움직이거나, 나의 노력을 들이며 가지게 되는 것들은 나를 더 나답게 만들어 줍니다.

여러분은 지금 무엇을 가지고 싶나요? 떠오르는 것이 어떤 물건이라면, 나와 지구 그리고 지구 위의 모든 존재에게 조금이나마 도움이 되는 방법은 무엇이 있을까요?

더 적게 가지지만, 더 나답게 살기 위해서 여러분은 어떤 생각이나 꿈을 가지고 싶나요?

나누다, 정리하다, 헤어지다

같이하다

"할머니, 거기에 있지? 계속 나랑 같이해야 해요."

이곳은 시골 할머니 댁입니다. 여름방학을 맞아 이곳에 놀러 온 채울이는 저녁에 달콤하고 시원한 수박을 먹고는 한참 자다가 소변이 마려워 깼습니다. 하지만 시골집 화장실은 집 밖에 있어요. 재래식에서 수세식으로 고치긴 했지만, 채울이에게 동트기 전 마당을 가로질러 화장실 가기는 아직 무섭습니다. 그래서 할머니께서 함께 화장실에 와 주셨는데, 화장실 문을 닫자마자 채울이는 불안했던 것입니다.

"오냐, 할머니 여기 있다."

할머니께서 같이 계신다는 것만으로도 채울이는 안심이 되었습니다. 이처럼 우리는 익숙하지 않은 일을 누군가와 같이할 때 용기를 내면서 한발 앞으로 나아가곤 합니다. 수업 시간에 혼자 문제를 보고 끙끙대다가도 짝과 같이하면 든든해서 술술 풀릴 때도 꽤 있지요. 학교에서 가끔 하는 캠페인 활동도 혼자 하면 참 부끄럽습니다. 그런데 신기하게도 친구들 여럿이 같이하면 재미있습니다. 훨씬 더 많고 다양한 사람이 모여 같이하면 어떨 것 같나요?

우리 민족이 가장 좋아하는 위인을 뽑아 보면 항상 나오는 분이 계시죠? 임진왜란의 영웅! 맞아요. 이순신 장군님. 하지만 위대한 이순신 장군님 혼자서였다면, 임진왜란을 승리로 이끄실 수 있었을까요? 그때 그 바다에서는 이순신 장군을 따르는 수군이, 육지에서는 조헌, 권율 장군을 따르는 육군과 곽재우 장군을 따르는 여러 의병이 같이하여 왜적을 무찌를 수 있었습니다. 그렇기에 임진왜란이라는 큰 위기를 헤쳐 나갈 수 있었지요.

더구나 지금 사회는 예전보다 훨씬 빠르게 달라지고 복잡해지고 있습니다. 다양해진 직업과 사회 구성원, 눈부시게 발달한 기술과 넘쳐나는 정보들, 만나게 되는 자연환경까지 저마다 처한 상황도 다르고, 필요한 것들도 굉장히 달라서 사회 갈등을 풀어 내기가 쉽지 않습니다. 이제는 어느 한두 명의 위대한 사람이 사회 문제를 해결하기는 불가능해요. 그래서 우리는 서로의 이야기를 귀담아듣고, 무엇을 같이해야 하는지 방법을 찾아보아야 합니다. 변화가 필요한 것에 대해 목소리를 내는 행동도 같이하면 서로의 든든한 어깨를 느낄 수 있어서 용기가 나거든요.

여러분은 지금 친구들과 무엇을 같이하며 용기를 얻고 싶은가요?

나누다, 참여하다, 도전하다, 어울리다

거절하다

'하……. 수미가 복도로 나오라고 눈짓을 하네. **거절하자니** 불안하고, 복도에서 다른 친구 뒷담화하기도 싫은데.'

벼리는 요즘 마음이 참 불편합니다. 수미는 연지랑 크게 다른 것도 없어 보이는데, 자꾸 연지에 대해 좋지 않은 말들을 친구들 앞에서 슬쩍슬쩍 합니다. 그러면 친구들은 수미 편을 들기 바쁘고요.

처음에는 벼리도 별생각 없이 "맞아, 정말 그렇더라" 하며 한두 마디를 거들었습니다. 그런데 이런 일이 서너 번 넘게 반복되면서부터는 피하고 싶은데 **거절하기도** 어렵습니다. '내 일이 아니니까 난

모르겠다~' 하고 모른 척하면 계속 반복될 것 같고, 그렇다고 수미 말에 다 맞장구치기도 싫습니다. 수미에게 연지 흉보는 일을 그만하자고 말하면 수미와의 사이가 멀어질까 봐 부담스럽고요.

　어떤 제안이나 부탁이 내 생각과 너무 다르면 거절하기 쉬울 수 있어요. 반대로 옳지 않다고 생각은 하지만, 내가 처한 상황에 따라 거절하기 어려울 수도 있습니다. 여러분도 다른 친구 흉보는 대화를 모른 척하기도, 거절하기도 어려웠던 경험이 있나요?

심리학자 김경일 박사님은 이런 지치고 힘든 마음이 당연하다고 이야기하십니다. 왜냐하면 다른 사람 흉을 보는 것은 '내가 저 사람보다는 낫다'고 생각하며 편안함을 느끼는 아주 못난 방법이기 때문이래요. 그리고 흉본 내용을 다른 사람에게 전달하는 것은 자신이 한 생각은 아니라며 책임지기 싫어하는 비겁한 행동이랍니다. 못나고, 비겁한 행동을 하자니, 힘들겠지요.

그러면 어떻게 해야 뒤에서 흉보는 대화를 현명하게 거절할 수 있을까요? 선생님들이 소개해 주신 여러 가지 방법을 알려줄 테니 한번 생각해 보고 골라서 소리 내어 연습도 해 봅시다.

"그거 흉보는 거잖아. 하지 말자."

웃지 않고, 화내지 않고 이렇게 단호하게 말할 수 있다면 사용하기 좋은 방법입니다. 하지만 대부분 단호하게 말해 본 경험이 적어서 쉽지 않아요. 그래서 많은 연습이 필요합니다.

"나도 그런 못난 점이 있는데, 저번에 말이야……."

여러분이 괜찮다면 그 자리에 없는 친구의 이야기가 아닌 내 이야기로 바꾸어 말해 보세요. 그 자리에 없는 사람을 흉보는 일은 하지 않겠다는 거절의 뜻을 보여 주는 겁니다.

"너 진짜 독특하다. 와~, 특이해!"

여러 번 누군가를 흉보는 친구가 주변에 있다면, 나는 그 말에 절대 동의할 수 없다는 표정으로 이 말을 해 보길 추천해요. 흉보는 친구와 거리를 두고 싶을 때 쓰면 좋습니다. 그렇게 말하고 나면 그 친구는 험담하는 이야기가 여러분에게 통하지 않을 것이라고 생각하게 될 겁니다.

하지만 그래도 계속 잘 지내고 싶은 친구가 다른 친구의 흉을 보거나 전할 수 있겠죠? 그렇다면 다른 거절 방법이 필요합니다.

"나는 그 친구의 그런 점이 정말 부럽던데······."

흉보는 대상이 되는 친구의 특징 중 장점을 찾아 칭찬하거나 부러워하는 표현으로 바꾸는 것을 보여 주세요. 흉보는 것과는 다르게, 칭찬은 당사자 몰래 해도 좋고 칭찬의 주인공에게 전달이 되어도 좋은 효과가 있답니다.

누구에게나 거절이 꼭 필요할 때가 있습니다. 여러분은 어떤 제

안을 거절하고 싶나요? 그리고 어떤 경우에 거절하기 어렵던가요? 거절이 진짜 필요한 순간에 용기라는 빛을 내기 위해 함께 미리 생각해 보고, 이야기 나누어 보면 좋겠습니다.

\# 멈추다, 헤어지다, 용기 내다

도전하다

"나 이번 주 토요일에 자전거 타기에 도전할 거야!"

벼리는 당당하게 친구들 앞에서 이야기했어요. 벼리는 자전거를 탈 수 있는 친구들이 부러웠어요. 하지만 친구들이 왜 자전거 타기 안 배우냐고 물어볼 때마다 관심 없는 척 대답하곤 했어요. 사실 속으로는 배우고 싶었지만, 겁이 나고 두려웠거든요.

그런데 이번 주말에 벼리가 가장 좋아하는 삼촌이 와서 자전거 타기를 알려 준다고 했어요. 벼리는 이번 기회에 용기를 내어 도전해 보기로 했어요.

　삼촌을 만난 벼리는 헬멧을 쓰고 무릎보호대도 꼼꼼히 착용했어요. 처음에는 겁이 났지만, 뒤에서 잡아 주는 삼촌을 믿고 천천히 페달을 밟기 시작했어요. 벼리는 넘어지고 또 넘어졌어요. 몇 번이고 포기하고 싶었지만, 삼촌의 응원을 받으며 다시 일어나 계속 연습했어요.

　벼리처럼 사람들은 끊임없이 무언가에 맞서고 도전해요. 내 능력으로 하기 어려웠던 것에 도전하기도 하고, 또 나보다 나은 상대에게 도전하기도 하지요. 엄마 품을 벗어난 아기 새가 처음 날갯짓하며 하늘을 나는 것에 도전하는 마음을 생각해 보아요. 도전한다는 것은 두렵고 긴장되는 일이지만, 나를 성장시키는 멋진 일이지요.

역사 속에는 불가능하다고 생각되었던 일에 도전한 사람들도 있어요. 조선시대 여성들에게 글이나 기술을 배워 일을 하는 것은 불가능한 일에 가까웠어요. 병을 치료하는 의사도 모두 남자였는데, 여성들은 가족이 아닌 남자에게 살을 보일 수 없어 제때에 치료를 받지 못하고 목숨을 잃기도 했지요.

당시 외국인이 차린 병원에서 통역을 돕던 박에스더는 아픈 여성들을 치료하는 의사가 되고 싶다는 꿈을 가졌어요. 온갖 어려움 속에서도 꿈을 포기하지 않았고, 결국 미국에서 의사 자격증을 따고 조선으로 돌아와 여성 환자들을 치료할 수 있었어요. 여성은 할 수 없다고 말하는 주변 사람들의 말과 사회적인 환경에 굴하지 않고 끝까지 도전한 결과였지요.

벼리가 결국 삼촌과 헤어질 때까지 자전거를 혼자 타지 못했어요. 그렇지만 도전이 실패라고 생각하진 않았어요. 아직 자전거를 혼자 타지는 못하지만, 두려움을 이겨내고 도전해 보는 것에는 성공했으니까요! 벼리는 이제 누군가가 자전거를 못 타냐고 물어보면 "아직은 잘 못 타지만 도전하는 중이야"라고 대답하겠다고 다짐했어요. 여러분이 지금 도전하고 있는 것, 혹은 도전해 보고 싶은 것은 무엇인가요?

\# 용기 내다, 홀로 서다, 참여하다

무시하다

"얘가 제 말을 무시하잖아요!"

"너도 '어쩌라고, 어쩔티비' 막 이랬잖아!"

벼리네 반은 요즘 '어쩔○○'이라는 유행어로 몸살을 앓고 있어요. 처음엔 분명히 누가 누가 막히지 않고 말을 잘 만들어 내나 하며 재미로 시작했던 것 같은데, 이제는 다툼이 시작되는 말이 되어 버렸거든요. 놀다가도, 모둠 토의를 하다가도, 줄지어 이동하며 대화하다가도 뭔가가 마음에 들지 않으면 바로 그 말을 툭 내뱉어 버립니다. 그런데 또 그 말을 들은 친구는 **"무시당했어"** 하며 열받는 일이 자주 생겨요.

 '어쩌라고' 하는 말이 왜 듣기 힘든 말인지 벼리는 곰곰이 생각하며, 소리 내어 말해 보기도 했습니다. 혼잣말이었지만, 다른 사람 탓을 하는 것 같기도 하고, 내 일에 신경 쓰지 말라는 말 같기도 해서 이 말을 들으면 말문이 턱 막힐 것 같았어요. 상대방이 나에게 도움을 주려고 했거나, 적어도 함께 소통하려 했다면 정말 기분이 상하는 말이 될 것 같았습니다.

 누군가 나를 무시했다는 생각이 들면 일단 당황스럽거나 속상한 기분이 들 수 있어요. 그런데 그런 기분에 아주 휩싸여 버리면, 자기를 조절하는 힘을 잃어 버릴 수 있답니다. 그러니 누군가 내게 무시하는 말이나 행동을 하면, 상대방에게 바로 반응을 보일 것인지 아니면 무시하고 넘어갈 것인지 잠깐 생각해 보는 순간을 가졌으면 좋겠습니다.

 사실 '다른 사람이 생각하는 나'보다 더 중요한 것은 '내가 생각하는 나'입니다. 그러니까 나에 대해 이러쿵저러쿵하는 말들은 적당히 넘기고, 내가 나를 있는 그대로 인정해 주려고 노력해 보아요.

최근에 다른 사람을 무시하거나, 다른 사람에게서 무시당했다고 생각한 적이 있었나요? 그때 나는 어떻게 반응했나요? 다시 그때로 돌아갈 수 있다면 나는 어떻게 하고 싶나요?

거절하다, 멈추다, 존중하다

믿다

"아빠, 나 못 믿어?"

벼리는 고구마가 목에 걸린 것처럼 답답했습니다. 조금만 기다리면 알아서 할 텐데 자꾸 숙제하라고 다그치는 아빠에게 그만 화가 났습니다.

벼리는 친구들과 약속을 잘 지키기로 유명합니다. 시간 약속도 잘 지키지만, 하기로 약속한 것은 무슨 일이 있어도 하기 때문입니다. 그래서 반에서 별명이 '시계', '칸트'입니다. 어느 날 선생님이 수학 시간에 시계를 설명하시면서 칸트라는 독일의 학자에 대해 이야기해 주셨습니다. 칸트는 늘 같은 시간에 같은 곳을 산책하기로 유명했다고 합니다. 비가 오나 눈이 오나 하루도 빠지지 않고 산책을 해서 마을 사람들이 시간을 잘 지키는 사람을 '칸트' 같다고 빗대어 말했답니다.

벼리의 별명은 이 이야기를 들은 친구들이 붙여 준 것입니다. 선생님도, 친구들도 "벼리라면 믿지"라고 말해 주니 이 별명이 그리 싫지 않았습니다. 믿는다는 말은 어떤 사실이나 일이 꼭 그렇게 될 것이라고 생각하거나, 누가 무엇을 할 것으로 기대한 것을 저버리지 않을 것으로 여기는 것을 뜻하기도 해요. 친구들이 벼리를 믿고 따르는 것처럼요.

아빠는 벼리가 "나 못 믿어?"라고 한 말들을 듣고는 깜짝 놀랐습니다. 아빠는 단지 숙제를 미루지 않고 제때 하길 바라는 마음이었습니다. 절대로 벼리를 믿지 못해서 그런 말을 한 것은 아닙니다. 그래서 아빠는 조금 섭섭했습니다. 하지만 마음 한편으로는 벼리가 조금 더 성장한 것 같아서 뿌듯했습니다. 자신을 믿어 달라는 것은 자신이 한 일에는 그만한 까닭도 있고 그 일에 책임을 질 자신도 있다는 것이니까요.

그날 저녁 아빠는 벼리가 잠들기 전에 벼리의 손을 꼭 잡고 말했습니다.

"아빠는 벼리가 세상에서 제일 믿을 만한 사람이 되고 있다는 걸 알아. 사랑해."

여러분 주변에서 누구를 가장 믿고 있나요? 벼리 같이 믿을 만한 친구들이 많이 있나요? 믿을 만한 사람이 주변에 많이 있다면 여러분에게는 참 좋은 일입니다. 여러분은 다른 사람에게 믿을 만한 사람인지 한번은 생각해 보면 좋겠습니다. 참, 사람 말고 다른 것 중에 믿을 만한 것은 어떤 것들이 있을까요?

사귀다, 어울리다, 책임지다, 통하다

선택하다

"벼리야, 하나 선택해 보렴?"

봄입니다. 바람도 햇살도 참 따뜻합니다. 오늘은 할머니와 함께 텃밭에 심을 채소 모종과 꽃모종을 사러 시장에 갔습니다. 오늘따라 시장에는 사람들이 참 많았습니다. 가게마다 필요한 물건을 사기 위해 모여든 사람들로 생기가 돌았습니다. 벼리는 시장도 봄 같이 느껴졌습니다. 모종 가게에도 사람들로 붐볐습니다. 그런데 할머니는 참 이상합니다. 한참을 이것저것 둘러보시더니 힘이 없고 시들어 보이는 모종만 골라서 모종판에 담는 게 아니겠어요? 벼리는 그 까닭이 궁금해서 할머니에게 물었습니다.

"다들 좋은 것만 고르는데 할머니는 왜 시든 것만 선택해요?"

할머니는 부드러운 미소를 지으시며, "다른 사람들이 다 좋은 것만 골라가면 이 시든 것들은 어떻게 되겠니?" 하고 벼리에게 되물어보셨습니다.

벼리는 며칠 전 학교 운동장에서 반 친구들과 피구를 했던 일이 떠올랐습니다. 그날은 현우와 지은이가 가위바위보를 해서 피구를 잘하는 아이들을 먼저 골라 뽑아 편을 갈랐습니다. 벼리는 끝까지

뽑히지 않으면 어떻게 될까 조마조마했는데 별로 좋은 기억은 아니었습니다. 그제야 시든 모종들을 선택한 할머니의 마음을 조금은 알 것 같았습니다.

모종을 다 고르고 나오는 길에 며칠 전 선생님이 봄꽃으로 알려 주신 노란 수선화가 눈에 띄었습니다. 벼리는 수선화를 기르면 좋겠다고 생각하는 순간 할머니가 어떻게 벼리의 마음을 알았는지 "벼리야, 하나 선택해 보렴?" 하시는 거예요. 벼리는 수선화 모종들을 한참 바라보다가 아직 피지 않은 모종 하나와 조금은 시들어 보이는 모종 하나를 골랐습니다. 벼리는 좋은 선택을 한 것 같아서 기분이 좋아졌습니다.

여러분은 무엇인가를 선택하고 나서 행복했던 경험이 있나요? 어떤 선택을 했을 때 그랬나요? 반대로 후회되는 선택을 한 적은 없었나요? 그랬다면 왜 후회가 되었나요?

가지다, 책임지다, 거절하다

용기 내다

"엄마, 나는 왜 이렇게 용기 내지 못할까?"

벼리는 얼마 전부터 같은 반 민수가 계속 호영이를 놀리는 걸 봤어요. 민수는 인기가 좋은 편이라 주변의 다른 친구들도 낄낄대며 호영이를 같이 놀렸어요. 벼리는 굳은 표정의 호영이를 볼 때마다 마음이 불편했어요. 그런데 하지 말라고 말하면 민수와 친구들이 자기도 놀릴까 봐 두려웠지요. 영화 속 영웅들처럼 멋지게 해결하고 싶은데 용기 내지 못하는 자기 자신이 미웠어요. 엄마에게 고민을 털어놓자 엄마는 할 수 있는 만큼의 용기만 내어도 괜찮다고 이야기해 주었어요.

 '용기 낸다'는 것은 무엇일까요? 많은 사람들은 새로운 일에 도전하거나 어려운 상황에 맞서는 뛰어난 사람들을 보며 용기 있는 사람이라고 말하곤 해요. 약한 친구를 괴롭히는 친구에게 "하지 마!"라고 말하는 것, 부모님이 오시는 수업에서 자신 있게 손을 들어 발표하는 것, 다른 친구들이 못하는 걸 멋지게 도전하는 것 모두 용기 있는 모습이지요.
 그렇지만 사실 우리는 그렇게 눈에 띄게 용기 내지 못할 때가 훨씬 많아요. 부끄럽기도 하고, 이후에 일어날 일들이 걱정되기도 하지요. 악당을 물리치는 슈퍼 히어로가 되고 싶은데, 그런 용기는 정말 특별한 사람들만 가지고 있는 것처럼 생각되기도 해요.

 그런데 사실 영화 속 슈퍼 히어로의 주변에는 그 사람을 돕는 평범한 영웅들이 항상 함께 있어요. 우리는 각자의 내면에 작고 평범한 힘들을 모두 가지고 있지요. 눈에 띄진 않더라도, 더 나은 내가 되기 위해 자신이 할 수 있는 만큼의 용기를 낼 수 있어요.

피하거나 모른 체 하지 않는 것, 안 먹던 음식을 먹어 보는 것, 전학 온 친구에게 먼저 말을 시켜 보는 것, 실수를 인정하고 미안하다고 말하는 것. 모두 작은 일 같지만, 사실은 마음의 힘이 필요한 일들이지요. 그리고 그 작은 힘들은 분명히 긍정적인 결과를 일으켜요.

"용기는 두려움이 없는 것이 아니라, 두려움을 이겨내는 것입니다."

남아프리카공화국 최초의 흑인 대통령 넬슨 만델라는 이렇게 이야기했어요.

벼리는 두려움을 이겨내고 용기 내어 어떻게 행동했을까요? 여러분이 스스로 용기 내고 있다고 느낀 적은 언제인가요?

도전하다, 참다, 거절하다

참다

"조금만 더 참자!"

줄넘기 100개? 그 정도야 금방 하지! 줄넘기 200개? 뭐, 200개도 할 수 있어! 줄넘기 300개? 좀 힘들겠지만, 도전! 줄넘기 500개! 할 수 있을까?

벼리는 줄넘기 500개에 도전합니다. 300개를 넘기니 숨이 차오릅니다. 금방이라도 줄넘기를 손에서 놓고 싶습니다. 함께 시작했던 친구들도 어느새 바닥에 앉아서 가쁜 숨을 몰아쉬고 있습니다. 이제 솔이, 연우 그리고 벼리만 남았습니다.

여러분도 무엇인가를 참아 본 경험이 있나요? 화장실이 급한데 쉬는 시간이 될 때까지 참아 봤다고요? 네~, 그것도 참는 것입니다. 웃음과 울음, 아픔, 화가 나는 것을 참을 수도 있습니다. 또 무엇인가를 막 사고 싶거나 하고 싶은 것을 참을 수도 있지요. 또 벼리처럼 어떤 어려움을 견디고 이겨내는 것도 '참는다'라고 말할 수 있습니다. 하지만 참는다고 다 좋은 것은 아닙니다. 어떤 때는 참지

말아야 할 때도 있습니다. 누군가가 나를 괴롭히는데 참고만 있다면 어떻게 될까요?

벼리는 이를 꽉 깨물며 그만두고 싶은 마음을 참았습니다.
"야호! 드디어 500개다!"
하늘을 날아갈 것 같았습니다. 벼리는 자기 자신이 무척 자랑스러웠습니다. 앞으로도 어떤 일이든 다 해낼 것만 같은 마음입니다.

여러분도 이렇게 포기하고 싶은 마음을 이겨낸 경험이 있었나요? 반대로 도저히 참을 수 없었던 일도 있었나요?

용서하다, 도전하다, 용기 내다

참여하다

"저도 **참여할게요**."

선생님이 '팩모아 실천단을 모집합니다'라는 포스터를 교실 뒤 게시판에 붙였습니다. 다들 "팩모아가 뭐야?", "실천단은 또 무엇을 하는 거지?"라며 웅성거렸습니다.

"우유팩은 가장 품질이 좋은 종이예요. 하지만 재활용이 잘 안 됩니다. 우유팩 안쪽에 얇은 비닐이 붙어 있어서 종이로 재활용되지 못하고 쓰레기로 버려지지요. 그런데 우유팩만 따로 모아 주면 우유팩 재활용 회사가 가져가서 질 좋은 화장지로 다시 만들 수 있다고 해요. 화장지를 만들기 위해서 그만큼 나무를 베지 않아도 되니 우유팩을 많이 모으면 모을수록 지구에 도움이 되겠지요."

선생님의 설명을 듣고는 모두 "와~! 어떻게 참여하는 거예요? 우리가 뭘 하면 되는 건가요?" 하고 묻기 시작했습니다.

어떤 일이나 모임에 들어가 어떤 것을 함께할 때 '참여한다'라고 말해요. 친구들과 놀이를 같이할 때도, 반 친구들 모두와 학급 회의를 할 때도 '참여한다'라고 말하지요. 어른들은 국회의원이나 대통령을 뽑는 선거를 할 때도 참여한다고 말하기도 해요.

벼리는 "우리 반만 우유팩을 모은다고 해도 양이 너무 적어서 지구를 살리기는 어려워요. 하려면 많은 사람이 함께 참여해야 해요. 어떻게 하면 좋을까요?"라고 하신 선생님의 말씀이 생각났습니다.

가족들에게 '팩모아 실천단'에 대해 이야기를 했습니다. 가족들도 벼리가 '팩모아 실천단'에 참여해서 활동하면 좋겠다고 하면서, 이웃들과 함께 참여하는 방법도 찾아보겠다고 했습니다. 벼리는 신이 났습니다. 내일 자주 가는 마을 도서관에 가서 도서관 선생님에

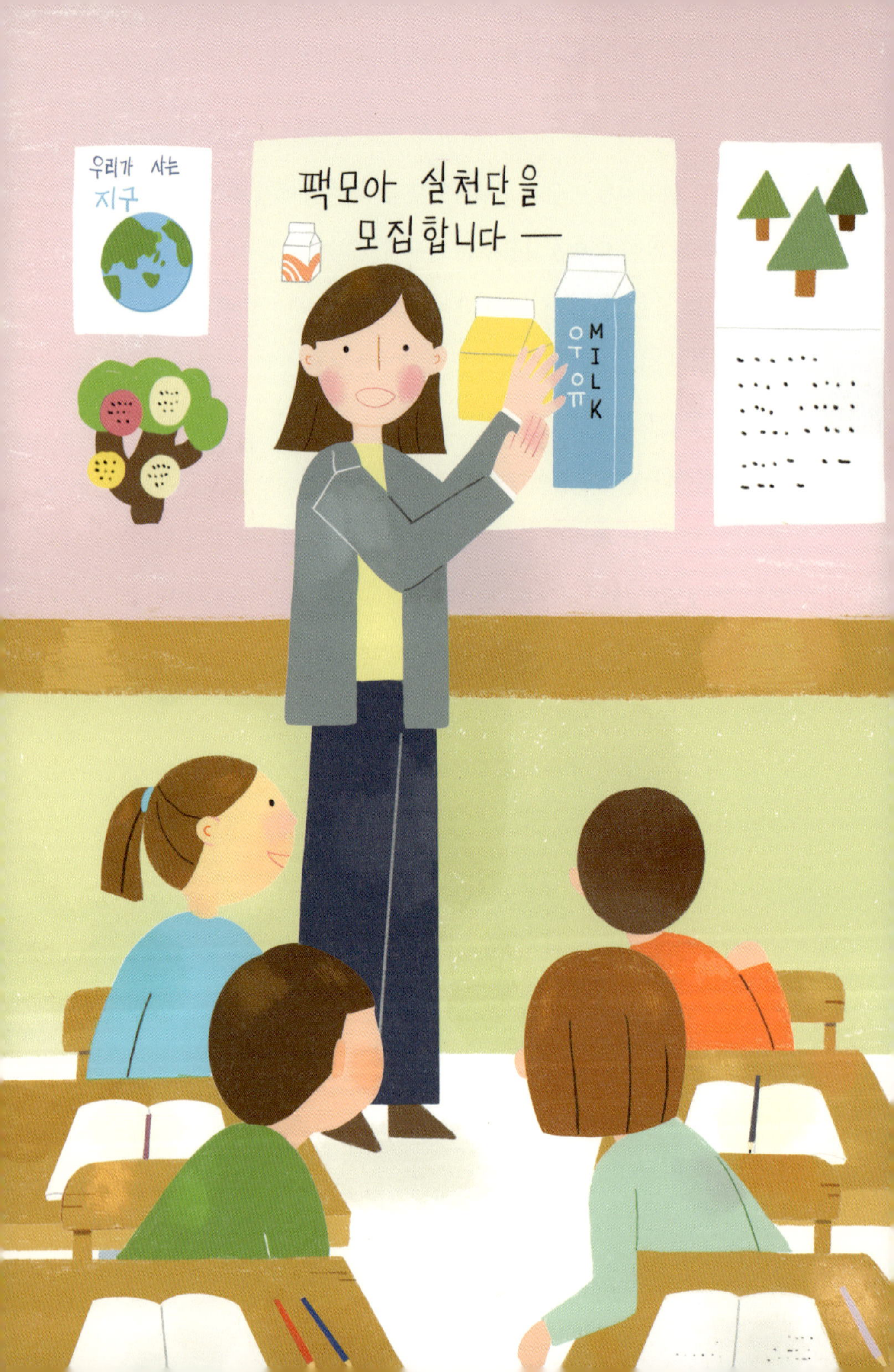
우리가 사는
지구
팩모아 실천단을
모집합니다 —
우유
MILK

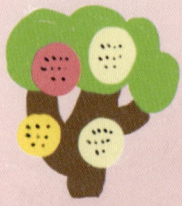

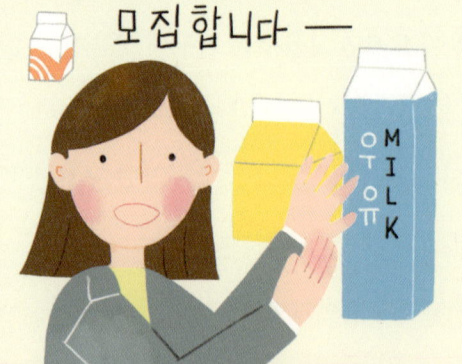

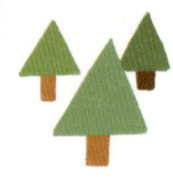

게도 함께 참여하자고 말씀드려야겠다고 생각했어요. 벌써 지구를 구한 것처럼 뿌듯한 마음이 생겼습니다.

여러분은 어떤 일에 적극적으로 참여해 본 적이 있나요? 그렇게 참여해서 보람을 느낀 적이 있나요? 많은 사람이 지구를 지키기 위해 노력하고 있습니다. 여러분은 어떻게 지구를 지키는 일에 참여하고 있나요?

같이하다, 나누다, 인사하다.

책임지다

"제가 오늘 약속한 것을 **책임지고** 꼭 실천하겠습니다."

벼리는 이번 2학기 학급 대표를 뽑는 선거에 후보로 나갔어요. 한 학기 동안 생활하면서 꼭 필요하다고 생각한 것 두 가지를 골라 공약으로 정했어요. 하나는 친구들의 의견을 모으는 '소리함'을 만들어 학급회의 안건을 정하는 것이고, 다른 하나는 학생 전체 회의에 빠지지 않고 참석해 학급의 의견을 전달한다는 것이었어요. 벼리의 힘 있고 당당한 발표를 듣고 학급 친구들은 벼리를 학급 대표로 뽑아 주었어요.

'책임진다'는 것은 자신이 맡은 역할에 대한 임무를 다한다는 뜻이에요. 여러분은 집에서, 학교에서 어떤 역할을 맡고 있나요? 대표가 아니더라도 교실을 함께 사용하고 공부하는 학생으로서 우리는 어느 정도 책임지고 있어요. 교실을 깨끗하게 사용하고, 함께 정한 규칙을 잘 지키고, 모둠에서 의견을 적극적으로 내는 것 모두 책임을 다하는 모습이지요.

집에서는 어떤가요? 어렸을 적에는 스스로 하기 어렵기 때문에 부모님이 우리 생활을 책임져 줄 때가 많았어요. 하지만 지금은 우리 스스로 일어나 학교 갈 준비를 하고, 내 몸은 내가 씻고, 내가 가지고 논 장난감은 직접 정리할 수 있어요. 우리는 내 삶에 대한 책임을 가능한 만큼 스스로 지는 것을 연습하면서 자라요.

"어른들의 책임을 우리에게 미루지 마세요!"

벼리는 TV를 보다가 환경을 더럽힌 어른들을 고발한 청소년들에 대한 뉴스를 보았어요. 어른들이 일회용품을 마구 사용하고, 탄소를 내뿜는 에너지를 함부로 쓰고, 개발을 위해 야생동물이 살아가는 곳을 파괴한 행동에 책임을 져야 한다고 말하고 있었어요.

인간은 더 빠르고 편리하게 살기 위해서 자연을 계속 이용해 왔어요. 끝없이 욕심 때문에 지구 환경은 계속 나빠지고 있어요. 그리고 더 약하고 가난한 사람들이 그 피해를 더 많이 보지요. 이제는 인간이 지구 환경에 대한 책임져야 할 때예요.

집에 돌아온 벼리는 재활용함에 있는 박스에 색종이를 붙여서 '학급 소리함'을 만들었어요. 친구들과 함께 의견을 모아 재미있고 평화로운 학급을 만들자고 다짐했지요. 여러분은 집에서, 학교에서, 그리고 내가 속한 사회에서 어떤 책임을 지고 있나요?

\# 참여하다, 돌보다, 선택하다

홀로 서다

"이야~, 이건 래울이가 처음으로 홀로 섰던 때네!!"

가족들과 함께 래울이가 돌 때쯤 엄마 휴대전화로 찍은 동영상을 보았어요. 조심스럽게 몸을 세우다가 두 손을 들어 만세까지 한 아기 래울이가 환하게 웃고 있었습니다.

올해 초등학교 2학년인 래울이가 학교에 가려면 엄마가 출근하신 뒤, 스스로 챙기고 나와야 해요. 1학년 때와 달리 스스로 챙기려니 마음 어딘가에 묵직한 느낌이 듭니다. 방과 후, 태권도장에 도복을 챙겨서 제시간에 맞추어 갈 때도 비슷한 느낌이 들었어요. 그런데 해내고 나면, 뿌듯한 마음이 들기도 했습니다.

　래울이가 느낀 묵직함과 뿌듯함을 여러분은 언제 느꼈나요? 가게 심부름을 혼자서 처음 다녀왔을 때? 약간 어려워 보였던 숙제를 해내었을 때? 어른과 함께 타던 시내버스를 혼자 처음 타 보았을 때? 리코더 연주로 한 곡을 완성했을 때? 그래요. 이전에는 혼자서 하기 어려웠는데, 스스로 무엇인가 해냈을 때일 거예요. '홀로서기', 한자로는 '독립(獨立)'이라고도 하지요. 일상 속 작은 한 걸음이라고 생각할 수 있지만, 하나하나 굉장히 소중한 경험들입니다.

　동화 《마당을 나온 암탉》에 등장하는 잎싹이와 초록머리를 알고 있나요? 암탉인 잎싹이는 양계장에서 나와 **홀로 서는** 삶을 살기 위해 정말 끝도 없이 노력합니다. 청둥오리의 알에서 태어난 초록머리도 자신이 엄마 잎싹이와 다른 존재라는 것을 알고 독립하기 위해 갈등을 겪기도 하고요.

　때로는 **홀로 서기** 위해 원하지 않는 간섭을 물리쳐야 할 때도 있습니다. 120년 전, 일본제국이 우리 땅을 강제로 점령하고 우리 민족을 짓밟았던 상황에 대해 들어본 적이 있나요? 정말 많은 사람이 우리 민족의 권리를 되찾기 위해 다양한 '독립운동'을 했던 자랑스러운 역사도 있었습니다.

할 일이 많아질 것 같아 귀찮은가요? 아니면 틀리거나 실수할 것이 걱정되어 머뭇거리고 있나요? 돌쟁이 아기의 첫걸음마도 그러하듯, 수도 없이 시도해 보고, 어떤 날은 실수를 통해 대처하는 방법을 배워 보아요. 그러면서 나 스스로 반듯하게 홀로 서서 만세를 부를 때를 상상해 보면 좋겠습니다.

오늘의 여러분은 어떤 분야에서 홀로 서고 싶나요? 그리고 그 홀로서기를 어렵게 하는 것이 있다면 무엇일까요? 실수하지 않고 단번에 홀로 서는 것과 실수도 하고 여러 번 겪으며 홀로 서게 되는 것. 둘 중 어느 것이 여러분에게 더 도움이 된다고 생각하나요?

\# 책임지다, 도전하다, 참다

3부
나누고 어울려요

나누다

"벼리야, 이 감자샐러드 좀 두 그릇에 나누어 담아 줄래?"

지난 주말, 벼리네 가족은 텃밭에서 감자를 잔뜩 캤어요. 엄마는 포슬포슬하게 감자를 삶아 샐러드를 잔뜩 만들어 두었습니다. 벼리는 유리그릇 두 개에 감자샐러드를 고르게 나누어 담았어요. 그리고 엄마가 시키는 대로 한 그릇은 앞집에 가져다 드렸어요. 앞집 어른들은 환하게 웃으시며, 고맙다고 수박 반쪽을 나누어 주셨지요.

수학 시간에 나누기를 배운 적이 있나요? 나눈다는 것은 숫자나 물건 등을 쪼개어 가른다는 뜻입니다. 똑같이 나눌 수도 있고, 어느 한쪽을 더 많게 가를 수도 있어요. 어떤 일을 할 때 많은 양의 일을 여럿이 쪼개어 할 때도 '일을 나눈다'고 하지요.

또 벼리네 가족과 이웃이 음식을 서로 나누어 먹은 것처럼, 자신이 가진 것을 다른 사람들과 나눌 수도 있어요. 어떤 사람들은 그림, 악기 연주, 글쓰기 등 자신이 가진 재능을 필요로 하는 사람들에게 알려 주기도 하고, 사회에 도움이 되는 일에 자신의 재능을 기꺼이 나누기도 해요.

어떤 사람들은 돈이나 재능이 많은 사람들만 나눌 수 있다고 생각해요. 그런데 사실 우리는 살아가면서 이미 많은 것들을 나누며 살고 있어요. 내게 작아진 깨끗한 옷을 사촌 동생들에게 주기도 하고, 새로 햄스터를 키우기 시작했다는 친구에게 우리 집 햄스터가 좋아하는 해바라기 씨를 나누어 줄 수도 있어요.

나눔은 돈이나 물질적인 것으로만 가능한 것이 아니에요. 내가 알고 있는 정보를 잘 정리해서 영상으로 찍어 사람들에게 알려 주는 것도 나눔이에요. 마음이 아프다는 친구의 고민을 들으면서 진심 어린 위로를 전하면, 그 또한 자신의 따뜻한 마음을 나눈 것이지요. 우리는 다양한 형태의 많은 나눔을 주고받고 있어요.

다음날, 벼리네 반에서는 나눔장터가 열렸어요. 깨끗한 장난감을 챙겨 온 사람도 있고, 예쁜 색실을 챙겨 와서 팔찌를 만들어 주는 친구도 있어요. 현이는 수학 문제 풀이를 도와주는 부스를 열었네요. 벼리는 자신이 만든 캐릭터를 그린 엽서를 부스에 두었어요. 각자 자기가 내놓을 수 있는 대로 기꺼이 나누니, 훨씬 풍요롭고 알록달록한 나눔장터가 된 것 같았어요. 여러분은 무엇을 나눌 수 있나요?

가지다, 선택하다, 정리하다

대화하다

"오늘부터 한 명씩 선생님과 식사한 뒤에 대화하며 산책하는 점심 데이트가 시작됩니다."

이렇게 점심 데이트가 시작된 지 한 달째. 사실 처음에는 부담된다며 자기 차례가 뒤에 있으면 좋겠다고 하는 친구들이 많았습니다. 그런데 정작 선생님과 마주 앉아 식사하고, 학교 정원을 거닐고 대화하면 부쩍 친해진 느낌도 든다며 다음에 또 하고 싶다네요.

모두가 기다리는 점심시간 시간입니다. 그런데 오늘 급식실은 평소보다 훤하고, 다른 느낌이 들었습니다. 세상에! 코로나 예방을 위해 모든 테이블에 설치되어 있던 가림판이 사라졌네요! 그동안에는 투명창이라고 해도 많이 답답했고, 친구에게 내 뜻을 전하려면 손짓, 발짓을 다 해야 했습니다. 아직도 식사 시간에 대화하는 것을 주저하는 친구가 있긴 하지만, 가림판 없이 서로 대화 꽃을 피우며 식사하는 모습만으로도 한층 밝아진 느낌입니다.

  수업이 끝나고 집으로 가는 길, 벼리는 어제부터 읽기 시작한 동화책 생각에 웃음이 납니다. 어쩜 책 속의 주인공 마음이 벼리와 똑같은지 너무나 재미있어서 주인공한테 말을 건네기도 했어요. 다음 장으로 넘어가는 순간에도 '이런 상황이라면 나는 어떻게 했을까?' 스스로에게 물어보고 상상해 보기도 했습니다.

  여러분은 앞의 장면들에서 대화하는 장면을 혹시 몇 개나 찾았나요? 식당에서 여럿이 함께 나누는 대화와 1:1로 조용히 나누는 대화 말고도 더 찾을 수 있었나요?

  사실 대화에는 여러 가지 경우가 있어요. 책 속 주인공에 말을 거는 것도 대화입니다. 왜냐고요? 이야기 속 세상을 주인공들과 함께 여행하며 궁금한 점도 물어보고, 자신의 생각을 떠올리다 보면 마치 친구와 대화하는 것과 비슷하거든요. 또 자기 자신과의 대화는 나를 존중하고 아끼는 방법 중 하나입니다. 나에 대해 긍정적으로 생각하고 활기차게 지낼 수 있게 하거든요.

여기서 아침에 정말 일어나기 힘들 때 쓰는 비법 하나 알려 줄까요? '일어나야지, 일어나!'라고 나에게 명령하듯 생각하기보다는 '이제 한번 일어나 볼까?' 하고 나와 대화한다고 생각하고 나 자신에게 말을 걸어 보세요. 그러면 아침부터 입가에 배시시 웃음이 묻어나 올지도 몰라요.

내일 아침부터 나는 나에게, 또 가족에게, 그리고 친구에게 어떤 말을 건네며 대화를 시작하게 될까요?

물어보다, 상상하다, 듣다

돌보다

"이야~, 예쁘다. 내가 잘 **돌봐** 줄 테니 많이 먹고 튼튼해."

보글보글. 뻐끔뻐끔. 무지갯빛 지느러미로 유연하게 헤엄치는 열대어를 키우기 시작한 벼리는 오늘도 투명한 어항 앞을 떠날 줄 모릅니다. 먹이인 장구벌레를 자기 용돈으로 사기도 하고, 지난여름 바닷가에서 주워 온 예쁜 소라 껍데기를 어항 속에 넣어 주기도 했습니다. 주말이 되면 늦잠도 자고 마냥 쉬고 싶지만, 이제는 벌떡 일어납니다. 일어나서 일주일간 지저분해진 어항과 여과기를 청소해 주어야 하거든요. 처음에는 반려동물 키우기를 반대하셨던 엄마

도 이제는 책임감 있게 물고기들을 돌봐 주는 벼리를 보고 대견해하십니다.

강아지를 키우는 친구인 서형이에게 이야기를 들어 보면, 아침에 강아지가 달려오는 '후다다닥' 소리에 깨는 경우가 많다고 합니다. 알람이 울려도, 엄마 아빠가 깨우는 소리에도 일어나지 않던 서형이가 아침 간식을 달라며 낑낑대는 강아지의 소리에는 벌떡 일어난다나요.

아! 아침에 일어나기 싫어도 아침 식사와 출근 준비를 하시는 부모님의 마음이 조금은 이해됩니다. 저녁엔 피곤해도 설거지와 빨래를 하시지요. 이렇게 감사한 돌봄 덕에 가족들이 배고프지 않고, 깔끔하게 준비된 옷을 입고 하루를 잘 보낼 수 있습니다.

그렇다면 여러분, 여러분은 자기 자신을 돌보고 있나요? 자기 자신을 왜 돌봐야 하냐고요? 어떻게 돌봐야 하냐고요? 자, 이 낯선 질문을 하나하나씩 천천히 생각해 봅시다. 나 자신은 누구보다 나와 가깝습니다. 심지어 부모님보다 나는 나와 가까워요. 가장 친한 단짝 친구보다도요. 나를 스스로 돌본다는 것은 나의 몸과 마음과 생각에서 오는 신호를 이해하는 것입니다. 그 과정에서 만족스러운 기분이 들기만 하면 좋겠지요. 하지만 때로는 힘들기도 하고, 귀찮아서 지나치고 싶을 때도 있을 거예요. 하지만 자기 스스로를 돌보는 일을 습관으로 들이면, 여러분의 삶은 어떤 일이 생겨도 행복을 다시 찾아가기 쉬운 상태가 될 겁니다.

귀 기울여 들어 보세요. 지금 나의 몸, 내 생각, 내 마음은 나에게 어떤 신호를 보내고 있는 것 같나요? 그리고 아직 어린이인 내가 우리 가족을 돌볼 수 있는 방법은 어떤 것이 있을까요?

듣다, 책임지다, 관찰하다

부탁하다

"벼리야, 뭐 하나만 **부탁할게.** 행주 좀 가져다 줄래."

벼리는 요즘 들어 부쩍 아빠 말씀이 곱게 들리지 않아요. 나한테만 시킨다는 생각이 들어서, 늑장도 부려 보고 싫은 티를 팍팍 내면서 하기도 합니다. 그러던 오늘 아침엔 행주를 가져와 달라는 아빠 말씀에 바쁘다며 거절하고 말았습니다.

아빠는 "응, 그래? 알았어" 하며 직접 행주를 가져오셔서 식탁을 닦으셨습니다. 벼리는 자기가 부탁을 들어 주지 않아 아빠 기분이 상하게 될 거라 예상했는데, 그게 아니네요. 혹시 몰라 아빠 눈치를 보며 밥을 빨리 먹고 집을 나섰습니다.

오늘은 벼리네 반에서 학급 약속을 정하는 날입니다. 토의 주제는 '친구들끼리 부탁할 때 어떻게 하면 서로 기분을 상하지 않게 할 수 있을까?'였어요. 친구들 이야기를 들어 보신 선생님께서는 이렇게 설명해 주셨습니다.

"친구에게 부탁했을 때 친구가 그 부탁을 들어주지 않아서 기분이 나빠졌다고 해 봅시다. 나는 부탁을 한 것이 맞을까요? 그리고 두 번째, 부탁을 들어주지 않는다는 그 친구에게 해 달라고 내가 계속 조른다면 나는 부탁을 한 것일까요?"

잠시 생각할 틈을 주셨던 선생님은 고개를 도리도리 내젓는 친구들을 보며 이어서 말씀하셨습니다.

"그래요. 그런 경우는 '부탁'이라기보다 '강요'에 가까워요. 그래서 부탁할 땐 부탁받은 사람이 부탁을 들어줄 수 있는지 아닌지 물어보는 것이 중요합니다. 물어보는 부탁이 필요한 거죠."

아! 아침에 아빠께서 벼리의 거절에 개의치 않고, 직접 행주를 가지러 가셨던 장면이 번득 떠올랐습니다. 아빠는 분명히 벼리한테 **부탁하셨던** 것이었네요. 벼리의 거절에 기분 나빠하지도, 벼리에게 가져오라고 재촉하지도 않았습니다. 단지 아빠의 부탁은 묻는 말이 아니라서, 명령과 구분이 정확히 되지 않을 뿐이었어요.

그래서 벼리는 오늘 집에 가서 아빠께 부탁을 드려볼 생각입니다. 진정한 부탁으로 말이죠.

"아빠, 저한테 **부탁하실** 때요, '벼리야, 행주 좀 가져다 줄 수 있어?'라고 물어봐 주실래요?"

부탁은 구체적이고, 물어보는 모양이면 좋습니다. 명령이나 강요와 구분하는 것도 잊지 말고요.

지금 누구에게 어떤 부탁을 하고 싶나요? 부탁을 표현하기 전에 '진짜 부탁하기'를 먼저 연습해 볼까요?

물어보다, 표현하다, 존중하다

사과하다

"어제 카네이션 망가뜨린 걸 사과하고 싶어. 미안해."

벼리는 어제 미술 시간에 실수로 솔이가 만든 카네이션을 밟아서 망가뜨렸어요. 당황해서 바로 사과하려고 했는데, 솔이가 크게 소리를 지르며 화를 냈어요. 벼리는 그만 기분이 상해서 "뭘 그런 걸 가지고 그러냐"며 같이 화를 내고 말았죠.

집에 돌아와 곰곰이 생각해 보니, 그 망가진 카네이션에 '할머니께'라고 적힌 글자가 떠올랐어요. 솔이의 눈물 글썽이던 얼굴도요. 솔이가 몸이 편찮으신 할머니에게 드리려고 정성껏 만들었는데 망

가져서 속상했을 거라고 생각하니 벼리도 마음이 찜찜했어요. 벼리는 망설이던 끝에 다음날 솔이에게 진심을 다해 사과했어요.

사과하는 것은 자신의 잘못이나 실수를 인정하고 책임지겠다는 마음에서 시작해요. 사람은 누구나 실수를 해요. 그리고 내가 저지른 실수를 다시 돌이킬 수는 없어요. 그렇지만 내 실수를 인정하고 진심 어린 사과를 전하면 상대방과의 관계를 회복할 수 있는 기회가 마련될 수 있어요.

물론 상대방은 사과를 받을 수도 있고, 받지 않을 수도 있어요. 내가 할 수 있는 일은 진심으로 미안한 마음을 전하고, 피해를 회복할 수 있도록 같이 돕고, 마음이 풀릴 때까지 기다리는 것이에요.

사과할 때는 상대가 원하는 것이 무엇인지 잘 들여다보아야 해요. 일본이 우리나라를 강제로 지배했을 때 전쟁에 끌려가서 몸과 마음에 상처를 입은 할머니들이 있어요. 수십 년간 누구에게도 말하지 못하고 지내다가 용기를 내어 피해를 입은 사실을 세상에 알

리기 시작했죠.

　할머니들이 진정으로 원한 것은 일본 정부가 잘못을 제대로 인정하는 것, 그리고 진심 어린 사과와 적절한 배상이었어요. 사과한다고 한 후에 했던 일본 정부의 뒤이은 행동은 할머니들이 원하는 것과 달랐지요. 피해 할머니들의 요구와는 상관없는 일방적인 사과 이후 오히려 할머니들의 상처는 더 깊어졌어요. 사과할 때는 상대의 마음과 상황을 세심하게 살피는 것이 중요해요.

　벼리의 사과를 받은 솔이는 어떻게 행동했을까요? 솔이는 벼리를 가만히 쳐다보고는 고개를 끄덕였어요. 그리고 자기도 설명 없이 화를 내서 미안하다고 사과했지요. 둘은 놀이시간에 함께 카네이션을 만들었어요.
　여러분은 누군가에게 진심으로 사과해 본 적이 있나요? 혹시 지금 사과하고 싶은 사람이 마음에 떠오르나요?

책임지다, 용서하다, 표현하다

사귀다

"엄마, 요즘 친구들이 이상하게 저한테 '너 상우랑 사귀냐?' 막 이래요."

여러분에게도 '사귀다'라는 말이 쑥스럽고 벼리처럼 이상하게만 들리나요? 아마 그렇다면 '사귀다'라는 말을 성적으로 끌리고 서로 좋아하여 관계를 만들어 나가는 '연애하다'와 같은 뜻으로만 알고 있을지도 모르겠네요. 그도 그럴 것이 '사귀다'라는 낱말을 검색해 보면 동영상도, 인터넷 사전인 위키백과도 온통 '연애하다'의 뜻으로 가장 많이 나옵니다. 게다가 TV 프로그램 중 예능 프로그램이

나 드라마를 봐도 대부분 '사귀자'는 제안은 연애하는 상황에서 가장 많이 사용되고 있으니 그럴 법하지요.

하지만 여러분은 모두 경험해서 알고 있습니다. 누구나 애인보다 친구를 먼저 사귀기 시작한다는 것을요. 기어 다니다 걷게 되고, 한발 한발 집 밖으로 걸어 나가게 되면서 친구를 사귀기 시작합니다. 낙엽을 주고받기도 하고, 달콤한 사탕을 주고받기도 하면서 서로를 기억하고, 다음에 또 만나길 기대하죠. 좀 더 크면, 어린이집이나 유치원, 학교에서 놀며 친구와 사귑니다.

말에도 뿌리가 있습니다. 대부분이 고유어인 사투리나 우리나라 말에 영향을 준 다른 나라 말을 살펴보면 그 속에 들어 있는 뜻을 알 수 있습니다. '사귀다'라는 말의 뿌리를 알아볼까요? '사귀다'라는 말을 충청도, 전라도, 경상도의 방언에서 찾아보면, '새기다'입니다. 돌이나 나무에 조각을 하여 무늬를 새기듯이 사귄 사람을 잊지 않도록 마음 깊이 기억한다는 뜻을 담아 그렇게 말하기 시작한 것은 아닐까요? 또 인도의 옛말 가운데 '사키'라는 말을 우리말로 하면 '친구'라고 하는데, '사키'라는 말에 '다'만 붙여 '사귀다'라고 사용하게 되었다는 의견도 있습니다.

어떤가요? 얼굴을 익히고 친하게 지내는 것 이상으로 서로를 마음에 새겨 깊이 기억하는 일. 아무래도 '사귀다'라는 말은 생각보다 아주 소중한 뜻이 담겨 있는 것 같지요?

여러분은 어떤 친구를 사귀고 싶나요? 그리고 어떤 친구를 마음속에 새겨 오랜 친구로 지내고 싶나요?

인사하다, 어울리다, 헤어지다

어울리다

"어때? 나 이 리본 머리띠 완전 잘 어울리지?"

화려한 하늘색 드레스를 입은 소영이가 이야기했어요. 벼리는 정말 잘 어울린다며 엄지손가락을 치켜올렸어요. 하지만 소영이의 드레스와 머리띠는 벼리가 그리 좋아하는 타입은 아니에요.

소영이는 새 학년이 되어 친했던 친구들이 모두 뿔뿔이 흩어졌을 때 새로 만난 친구예요. 그런데 평소 벼리와 성향이 달라서 불편할 때가 종종 있어요. 놀이시간에 시간을 보내고 싶어 하는 방법도, 방과 후에 먹으러 갈 간식의 취향도 달라서 벼리의 마음이 마냥 편안하지는 않아요.

'아, 나랑 취향과 성향이 똑같은 친구들이랑 어울리면 얼마나 편할까?'

벼리는 자기 바람처럼 똑같은 취향과 성향을 가진 친구를 만날 수 있을까요? 사람은 모두 다르기 때문에 아마 그런 친구를 만나기는 어려울 거예요. 벼리는 가만히 부모님을 떠올려 봤어요. 엄마는 여행, 운동을 즐기고, 활동적인 성격이에요. 한편, 아빠는 독서하거나 식물 가꾸는 걸 좋아하지요. 둘은 서로 달라 다툴 때도 있지만, 나와 다른 상대의 모습에서 배우는 것이 많다고 말씀하시곤 해요.

두 가지 이상의 것이 서로 조화롭게 어우러질 때 우리는 '어울린다'고 말해요. 색깔이 서로 잘 어울릴 수도 있고, 차려 놓은 반찬의 맛이 조화롭게 잘 어울릴 수도 있어요. 서로 비슷한 것만 잘 어울리는 것은 아니에요. 싱싱한 초록 잎이 달린 빨간 딸기는 더 맛있게 보이고, 알록달록한 깃털을 가진 앵무새를 보고 아름답다고 느끼기도 하지요.

사람들의 역사도 '서로 다름'이 만나 어울리면서 발전해 왔어요. 사람들이 무리를 이루고 살던 시절, 나와 다른 사람의 지혜를 모아 가며 문제를 해결해 나갈 줄 아는 사람이 더 잘 살았다고 해요. 마찬가지로 다른 부족과 만났을 때도 상대 부족의 다름을 인정하며 평화롭게 의사소통했던 부족이 더 오랫동안 살아남았대요.

꼭 사람 사이에서만이 아니라, 흙, 바람, 곤충, 동물, 식물 등 이 지구의 모든 것과도 조화를 이루고 어울리며 살아가는 것도 중요해요.

사람은 살아가면서 나와 잘 어울리는 것을 꾸준히 찾아가요. 그리고 내가 아닌 누군가와 잘 어울리려고 꾸준히 노력하기도 해요. 여러분은 여러분과 어울리는 것을 찾았나요? 나와 '다른' 사람이나 '다른' 존재와 어울려 본 적이 있나요?

존중하다, 가지다, 같이하다, 느끼다

용서하다

"벼리가 용서해 주면 좋겠어요."

솔이는 미술 시간에 벼리가 망가뜨린 카네이션 때문에 하루 종일 속상했습니다. 그날 저녁에는 가족들과 함께 얼마 전부터 건강이 나빠지신 할머니를 찾아뵙기로 약속이 되어 있었습니다. 할머니 가슴에 직접 만든 카네이션을 달아드리면 얼마나 좋아하실까 생각하면서 정성스럽게 만든 것인데 벼리가 그만 밟아 버린 것입니다. 벼리는 단지 실수로 밟았고 미안하다고도 했는데 그만 큰소리로 화를 내고 말았습니다.

 할머니에게 드릴 꽃이 망가진 것도 그렇고, 친한 친구인 벼리에 게 큰소리를 친 것 때문에 미안하기도 하고, 사이가 멀어질까 봐 걱 정도 되어서 무척 속상했습니다.

 저녁에 할머니를 만나자마자 솟아오르는 감정이 북받쳐 그만 눈물이 쏟아졌습니다. 학교 미술 시간에 있었던 일에 대해 이야기를 하니,

할머니께서는 솔이의 어깨를 토닥이며 "괜찮다, 우리 솔이가 세상에서 제일 고마운 카네이션 꽃이야" 하면서 위로해 주셨습니다. 그리고 벼리 일에 대해 너무 걱정하지 말라고 하시면서 이렇게 말씀하셨습니다.

"왜 큰 소리로 화를 냈는지, 그때 네 마음이 어땠는지 말하면서 사과해 보렴. 진심이 담긴 사과를 받을 때 그 사람의 잘못을 너그럽게 덮어 주고 싶은 마음이 생긴단다. 용서는 그렇게 시작되는 거야."

얼마 전 TV에서 독일이 전쟁 중에 폴란드의 수많은 어린이와 사람들을 독가스로 죽인 잘못에 대해 독일 대통령이 무릎을 꿇고 사과하는 장면을 본 것이 떠올랐습니다. 용서받을 수 없는 일도 진심으로 사과하면 "이제, 괜찮아"라고 말할 수 있을 것 같았습니다. 그런 생각을 하니 벼리도 용서해 줄 것 같은 생각이 들어 마음이 조금 편안해졌습니다.

여러분은 누구를 용서해 본 적이 있나요? 그때 어떤 까닭으로 용서했나요? 그리고 어떤 마음이 들었나요? 작은 잘못에 대해서는 쉽게 용서할 수 있지만, 커다란 잘못이나 나쁜 마음을 가지고 일부러 한 잘못은 용서하기가 쉽지 않습니다. 어떤 예들이 있을까요?

\# 사과하다, 듣다, 무시하다

인사하다

"언니! 우리 저기 얼룩이 고양이한테 인사하자!"

벼리는 매일 저녁 식사를 하기 전, 6살 동생 나리와 함께 집 주변을 산책하는 시간을 좋아해요. 봄기운이 한창인 요즘은, 집집마다 마당에 예쁜 꽃을 가꾸는 이웃들이 많아요. 꿀벌이나 나비 같은 곤충들도 꽃 주변에 모여 있어요. 동네를 산책하다 보면 주인과 함께 나온 강아지나, 골목을 어슬렁거리는 고양이를 만나기도 하지요. 나리는 산책하면서 눈에 보이는 것마다 다정하게 인사를 건네요.

"얼룩이 고양이야! 오늘도 잘 지냈어?"

나리가 인사하는 곳을 쳐다보면, 신기하게도 미처 발견하지 못했던 무언가가 벼리의 눈에도 보여요! 어제는 봉오리만 맺혀 있던 화단에서 화사하게 피어난 꽃도, 담벼락 한쪽에 웅크리고 앉아 낮잠을 자던 고양이도요.

그리고 인사를 받은 모든 것들은 다시 나리와 벼리에게 눈 맞추며 인사해요. 꽃잎을 흩날리며, 눈을 끔뻑이며, 꼬리를 살랑이며, 손을 흔들며, 각자 자기의 방법으로 말이에요. 이렇게 산책길에 만난 많은 존재들과 인사를 나누고 돌아오면, 벼리는 마치 자신의 세상이 넓어진 것처럼 느껴져요.

우리는 살아가면서 정말 많은 존재들을 만나요. 그중 우리가 인사를 나누는 건 정말 일부지요. 인사를 나눈다는 것은 먼저 그 존재를 알아보는 데서 시작해요.

'그 친구가 우리 교실에 있구나, 갈색 강아지가 우리 마을에 사는구나, 우리 집 마당에 노란 나비가 놀러 왔구나, 새로운 어른이 급식실에서 일을 시작하셨구나.'

이렇게 알아챈 존재에게 눈을 맞추고 말을 건네어 보세요. 그러면서 우리는 그 존재와 연결될 수 있어요. 벼리의 경험처럼 자신의 세상이 넓어지는 것이지요.

우리나라 인사말 중에 '안녕'이라는 말은 아무 탈 없이 편안하다는 뜻이에요. 서로 '안녕'이라고 인사하는 것은 상대가 지금 편안한지를 물으면서 동시에 편안하기를 바란다는 뜻을 전하는 것이기도 하지요.

여러분은 하루 중 어떤 존재와 인사를 나누며 살고 있나요?

\# 상상하다, 대화하다, 사귀다

존중하다

"파인애플 피자 좋아할 수도 있지~. 취향 존중해 줘!"

요즘 벼리네 반에서는 음식 취향을 알아보는 질문이 유행이에요. 탕수육을 소스에 찍어 먹는 '찍먹파'인지 소스를 부어 먹는 '부먹파'인지, 민트초코를 좋아하는지 싫어하는지, 누구 한 명이 질문을 던지면 우루루 손을 들며 이야기꽃이 펼쳐져요. 오늘은 누군가 "파인애플 피자 먹는 사람!"을 외쳤어요. 벼리가 손을 들자 짝꿍인 철오는 "우웩, 그걸 왜 먹냐?"고 면박을 주었어요. 벼리는 자신의 취향이 존중받지 못하는 것 같아 속상한 마음이 들었어요.

벼리는 얼마 전 길을 걸으면서 봤던 치마를 입은 아저씨를 떠올렸어요. 주변 사람들은 그 아저씨에게 손가락질을 하고 뒤에서 수군거렸어요. 벼리도 그 아저씨를 보면서 '이상하다'고 생각하며 계속 쳐다보았죠. '취향 존중'은 그때 같이 있던 엄마가 벼리에게 해 줬던 말이에요. 아저씨는 그저 자기가 원하는 대로 입었을 뿐이라고 말이지요.

존중한다는 것은 다른 사람을 있는 그대로 인정하고 귀중히 대하는 것을 말해요. 사람은 태어날 때부터 다른 얼굴, 다른 성격, 다른 이름을 지니고 살아요. 다른 게 당연해요. 모두의 고유한 생각과 느낌은 그 자체로 소중하지요.

"어린이는 어른보다 한 시대 더 새로운 사람입니다. 어린이의 뜻을 가볍게 보지 마세요."

어린이날을 만든 방정환 선생님은 말씀하셨어요. 당시 어린이들은 제대로 교육받거나 보살핌을 받지 못한 채 "아해, 어린놈" 등으로 불리며 어른들의 소유물 정도로 취급되었어요. 방정환 선생님은 어린이가 나이는 어리지만 어른들과 동등하게 소중한 한 인간으로

존중받아야 한다고 주장하셨죠.

　지금 우리 사회는 어떤가요? 나이가 어리든 많든, 성별이 어떻든, 어디서 태어났든, 장애가 있든 없든, 공부를 잘하든 못하든, 모든 사람을 그 자체로 존중하고 있나요?

　물론 사람들을 차별하거나 상대의 마음에 상처를 입히고 피해를 주는 것까지 존중해야 하는 것은 아니에요. 다른 사람을 존중하는 말과 행동을 할 때, 비로소 나도 존중받을 수 있답니다.

자기가 핑크 왕자라며 핑크색 물건만 수집하는 준혁이, 자동차의 종류를 달달 외는 연수, 7월이 되면 나무에 붙은 매미껍질을 잔뜩 모아 이리저리 연구하는 하늘이. 처음에 벼리는 자신과 다른 친구들을 모두 이상하다고 생각했어요. 그런데 지금은 각자 좋아하는 게 다를 뿐이라는 걸 잘 알아요.

여러분에게도 이전엔 이상하다고 생각했는데, 지금은 '그럴 수도 있지~'라고 생각하게 된 것이 있나요?

어울리다, 무시하다, 선택하다, 배우다

통하다

"앗, 따가워! 정전기 통했어!"

싸늘해진 날씨에 스웨터를 자주 입는 벼리는 정전기로 고생입니다. 머리를 빗을 때에는 머리카락이 '붕~' 떠오르고, 친구와 손을 잡을 때에도, 교실 문을 열 때에도 정전기가 통해 따갑습니다. 하지만 통하는 건 정전기뿐만이 아닙니다. 사실 4학년 들어 친구들이랑 통하는 느낌은 벼리를 짜릿하게 합니다. 눈빛만 봐도 서로 통한다는 생각이 드는 친구들이 생겼거든요.

그런데 미술 시간에 그만 일이 생겼어요.

"벼리야~, 이 물통에 있는 이 붓 써도 돼?"

"응~, 윤지야, 써!"

화장실에서 돌아온 서형이는 자신이 쓰고 꽂아 둔 붓을 윤지가 쓰고 있다고 생각해서, 윤지에게 물어보았습니다.

"윤지야, 네가 쓰고 있는 그 붓, 내 건데!"

"아냐~, 벼리가 쓰라고 했거든?!"

서형이는 윤지가 사용하던 붓을 퉁명스레 가져가 버렸습니다. 갑자기 분위기가 싸늘해져서 벼리는 당황스러웠습니다.

벼리는 사실 붓을 학습준비물실에서 빌려와서 서로 구별 없이 사용하고 있다고 생각했어요. 그래서 윤지에게 써도 된다고 대답했거든요. 그런데 갑자기 두 친구 사이에서 찬바람이 '쌩쌩' 부니 벼리는 설명할 용기가 차마 나지 않습니다. 어떤 과자 광고에서는 "말하지 않아도 알아요~♪"라고 하던데, 말하지 않아도 친구들의 마음이 서로 통할 수 있지 않을까요? 벼리는 집에 와서도 어떻게 할지 계속 고민입니다.

평소 사이좋은 벼리의 엄마, 아빠도 별것 아닌 일로 다투고 나면

몇 시간 동안은 집안 분위기가 싸늘하고, 조용해집니다. 하지만 두 분이 이야기해서 오해를 풀고 통하게 되면 분위기도 풀리곤 하죠.

저녁에 엄마와 함께 라디오를 듣다가 언뜻 '말하지 않아도 알아요' 노래를 들은 것 같아 귀 기울여 좀 더 들어보았습니다. 그 노래가 2절도 있더라고요. 그런데 맙소사! 2절 가사에는 "말하지 않으면 몰라요"라고 나오는 겁니다. 하고 싶은 말을 마음속으로만 가지고 있으면 시간만 흐르고, 내 마음은 거기 그 사람 옆에 있지만 잊힐 것이라고 말이죠. 역시 말을 해야 마음이 통하게 되는군요.

그래서 벼리는 내일 친구들과 아이스크림을 먹으며 그 어색함을 깨 보려고 마음먹었습니다. 진짜 마음 이야기를 나누고 서로의 마음을 알아주면, 이전보다 더 잘 통할 수 있겠지요? 여러분은 누구와 잘 통한다고 생각이 드나요? 서로의 어떤 점 덕분에 잘 통한다고 느끼는 걸까요?

어울리다, 표현하다, 믿다

헤어지다

"민아야, 이제 솜이와 헤어질 준비를 해야겠다."

동물병원 의사선생님이 나지막이 이야기하셨어요. 솜이는 민아가 태어나기 전부터 집에서 기르던 하얀 강아지예요. 나이가 많이 들어 병을 치료할 수 없대요. 민아는 다시는 솜이를 볼 수 없다고 생각하니 마음이 너무 아팠어요. 솜이와 함께한 산책길, 솜이가 좋아하던 장난감, 솜이가 즐겨 먹던 간식들이 모두 떠올랐어요. 가족들은 함께 모여 솜이에게 한마디씩 작별 인사를 전하고 마지막 가는 길을 지켜 주었어요.

만남이 있으면 헤어짐도 있어요. 솜이처럼 수명을 다해서 한 생명이 떠나기도 하고, 친했던 친구가 전학을 가서 헤어질 수도 있어요. 내가 상대를 소중히 여기며 정을 붙였던 만큼, 헤어질 땐 마음이 아프지요.

우리는 헤어진 상대를 기억하는 사람들과 추억을 함께 나누면서 아픔을 서로 위로할 수 있어요. 첫 만남부터 헤어짐의 순간까지, 상대와 함께 쌓은 기억을 찬찬히 떠올려 보는 거죠. 비록 헤어지게 되었어도 소중한 인연들은 우리 마음속에 차곡차곡 쌓여요.

한편, '헤어질 결심'이 필요할 때도 있어요. 어릴 적, 원하는 게 있으면 떼를 쓰거나 불안하면 손을 빨던 습관을 아직도 가지고 있나요? 좀 더 자라서 말이나 글로 내 감정을 표현할 줄 알게 되면 우리는 어릴 때 가졌던 습관들과 점차 헤어져요. 그리고 내게 도움이 되는 습관들을 새로 익힐 수 있어요.

해로운 것과 헤어지는 일은 사회에서도 필요해요. 지구가 점점 뜨거워지고 있다는 이야기를 들어본 적이 있지요? 우리는 이제 지구의 온도를 높이는 석탄, 석유 등의 화석 연료와 헤어지고 친환경

재생에너지를 사용하도록 해야 해요. 이렇게 우리에게 해로운 것과 헤어진 자리에 이로운 것으로 채울 수 있지요.

 솜이를 보내고 집으로 돌아온 엄마와 민아는 서로 안아 주고 토닥이며 함께 울었어요. 그리고 그날 저녁 오래도록 울고 웃으며 솜이와 함께했던 추억을 이야기했지요. 여러분도 소중한 대상과 헤어진 경험이 있나요? 다시 만난다면 그 상대에게 어떤 말을 전하고 싶나요?

가지다, 사귀다, 정리하다

| 글쓴이 |

기세라

어린이들이 나 자신을, 그리고 서로를 더 이해하고 존중할 수 있기를 바라며 서울유현초등학교에서 가르치는 일을 하고 있어요. 식물들을 바라보며 '이 아이는 왜 이렇게 자라게 된 것일까' 생각해 보는 일과 춤추는 순간을 즐깁니다. 만약에 다시 어린이가 된다면, 유연해진 몸으로 춤을 더 신나게 추며 살고 싶습니다.

김한민

서울정릉초등학교에서 아이들을 가르치고 있어요. 학교와 마을에서 아이들과 더불어 '인권/생태/평화'를 지지하는 삶을 배우고 가꾸려고 노력하고 있습니다. 다른 선생님들과 함께 《초등 필수 개념어 참·뜻·말》, 《얘들아, 인권공부하자》, 《초등학교 교사를 위한 인권교육길잡이》, 《그림책으로 만나는 인권교육》 등의 책을 썼습니다.

전세란

산과 개천이 가까운 학교에서 아이들을 가르치고 있어요. 아이들 대화에 끼어 의외의 모습을 발견하는 것을 반가워합니다. 고양이와 함께 살고 텃밭을 가꾸며 '자연스러운 것'을 고민합니다. '인권교육을 위한 교사모임 샘'에서 선생님들과 함께 세상과 학교의 인권 현안에 대해 공부하고, 고민을 나누고 있습니다. 다른 선생님들과 함께 《초등 필수 개념어 참·뜻·말》 등의 책을 썼습니다.

| 그린이 |

정은주

그림을 그리고 글을 씁니다. 어렸을 때 코스그로브 홀 필름스(Cosgrove Hall Films)에서 만든 인형 애니메이션 동화를 보고 그림책 작가를 꿈꾸게 되었어요. 미국 시카고 컬럼비아 미술대학(CCAC)에서 일러스트레이션을 공부했고, 한국 안데르센 창작 그림책 공모전에서 《마술피리》로 가작 당선되어 그림 작가의 길을 걷고 있습니다. 그림을 그린 책으로 《책방을 떠날 거야》가 있습니다.